4259

LIVRE D'ARCHITECTVRE
de Iacques Androuet, du Cerceau.

AVQVEL SONT CONTENVES DIVERSES ORDONNANCES DE PLANTS ET éleuations de bastiments pour Seigneurs, Gentilshommes, & autres qui voudront bastir aux champs: mesmes en aucuns d'iceux sont desseignez les basses courts, auec leurs commoditez particulieres: aussi les iardinages & vergiers.

TRES-VTILE ET NECESSAIRE A CEVX qui veulent bastir, à ce qu'ils soient instruits, & cognoissent les frais & la despense qu'il y conuient faire.

A PARIS

Pour Iacques Androuet, du Cerceau.

M.DC.XV.

AV ROY.

SIRE, estant vostre Majesté à Montargis, ie receus ce bien de vostre accoustumee benignité & clemence, de me prester l'oreille à vous discourir de plusieurs bastiments excellents de vostre Royaume : Et entre autres propos me demandates si ie paracheuois les liures des bastiments de France : Mon aage & indisposition seruirent de legitime excuse, n'ayant moyen, sans vostre liberalité, de me transporter sur les lieux, afin d'en prendre les desseings pour après les mettre en lumiere, & satisfaire à vos commandements. La volonté ne m'est en rien diminuee, mais l'effect & le moyen manquent, sans l'aide de vostre Majesté. Ce pendant desirant vous donner quelque plaisir & contentement, i'ay employé le seiour de mes vieux ans à dresser vn liure d'instruction à toutes personnes qui voudront bastir & edifier maisons aux champs, selon leurs moyens & facultez : pour leur monstrer, non seulement l'ordre qu'ils auront à tenir selon les desseings, & plants contenus audit liure, mais encor pour les instruire de la despense & frais qu'il leur conuiendra faire, ayant de chacun bastiment fait le calcul au plus iuste qu'il m'a esté possible, tant du toisage de la maçonerie & charpenterie, que generalement de toute autre besongne : esperant (outre le plaisir que vostre Majesté prendra à la diuersité de tels desseings) que vos subjets en receuront instruction & profit. Suppliant tres-humblement icelle vostre Majesté, d'auoir pour agreable ce mien labeur que ie vous dedie & consacre, Attendant que par vostre moyen ie puisse visiter les chasteaux & excellents bastiments qui restent à estre par moy veus & imprimez, pour satisfaire au contentement de vos Royales vertus.

De vostre Majesté le tres-obeissant & tres-affectionné seruiteur, IAQVES ANDROVET, DV CERCEAV.

A ij

AV LECTEVR.

AVANT que faire particuliere declaration de chacun bastiment, il m'a semblé estre necessaire faire entendre à ceux qui desirent sçauoir la totale somme de la despense du logis qu'on voudra faire edifier, tant pour la maçonnerie, charpenterie, paué ou carrelage des planchers, menuiserie, serrurerie, & couuerture : Bref à quoy peut monter l'entiere despense d'un edifice, pour le rendre accompli & parfaict. Consideré que si ce n'est aux grandes & bonnes villes, il est fort malaisé de recouurer des ouuriers experts & capables, pour rendre raison & certitude de ce que dessus. Car aux lieux où il se trouue maistres suffisans pour entreprendre l'œuure, le Seigneur n'a que faire sinon que de fournir argent à l'entrepreneur, pour rendre l'edifice en sa perfection. Pour donc soulager ceux qui n'ont tels moyens, & aussi pour satisfaire à la priere qui m'a esté faicte par aucuns Seigneurs, & autres mes amis, on trouuera cy apres reglement & instruction pour cognoistre & iuger d'icelle totale despense, à fin que chacun mesure ses moyens, & n'entreprenne plus qu'il ne peut effectuer, par ce que souuent aduient que les frais estans plus grands qu'on ne pensoit, le bastiment demeure imparfaict, la bourse vuide, & le maistre deceu de son esperance. Celuy sera releué de ceste peine, si meurement & soigneusement il se regle & conduit par ceste mienne instruction qui ensuit.

Table des choses qu'il faut entendre.

Du pied royal.
De la toise.
De l'arpent.
De la chaux.
Du sable.
Du moillon, ou bloccage.
Du caillou.
De la pierre de quartier.

De la bricque.
Du quarreau.
De la tuile.
De l'ardoise.
De la latte volisse.
De la latte quarree.
De la contre-latte.
Du clou.

Le pied royal, duquel la iuste mesure est marquee au Chastelet de Paris, contient douze poulces de long, & en sa superficie quarree, cent quarante & quatre poulces.

Le pied cube contient douze fois cent quarante & quatre, reuenants à mil sept cents vingt & huict poulces massif.

La toise quarree contient six pieds de long, & six de large en sa superficie, qui montent trente & six pieds.

La toise cube contient six fois trente & six pieds, reuenants à deux cens seize pieds massif, qui sert pour le calcul de la vuidange des terres massiues.

La perche, mesure du Chastelet de Paris, a trois toises de long, qui valent dixhuict pieds, faisant en sa superficie quarree trois cents vingt & quatre pieds, qui valent neuf toises quarrees. Aucuns nomment la perche corde.

L'arpent mesure de la Vicomté & Preuosté de Paris, contient dix perches de long, & dix perches de large, qui sont cent perches quarrees, l'arpent reuenant à neuf cens toises.

Es lieux circonuoisins de la Vicomté & Preuosté de Paris, la perche ou corde contient vingt pieds de long, & vingt pieds de large, qui multipliez par soy, font quatre cents pieds, qui valent vnze toises quatre pieds quarrez, reuenant l'arpent à vnze cents

A iij

Liure d'architecture

vnze toises quatre pieds : excedant celuy de France de deux cents vnze toises quatre pieds, qui est cet arpent duquel touts les bastiments de ce liure sont mesurez.

En autres endroits, comme en la Beausse, la perche contient vingt & deux pieds de long, & vingt & deux pieds de large, qui multipliez, font quatre cents quatre vingts quatre pieds quarrez, reuenant la perche à treize toises seize pieds quarrez, & l'arpent à treize cents quarante & quatre toises seize pieds.

Par les susdittes mesures, & selon la perche du lieu, on peut sçauoir au vray le contenu de l'aire du logis, pourpris d'iceluy, ses iardinages, & terres qui en dependent, aussi la quantité des vuidanges pour caues, fosses à priuez, fossez de l'enceinte du logis, & cognoistre la quantité des toises cubes, comme dit est cy dessus.

Le tonneau de chaux contient deux poinçons.

Les trois poinçons font deux muids, reuenant à vn tonneau & demy.

Mais par ce que la chaux qui est faitte de pierre dure est la meilleure, faisant & tendant beaucoup plus de besongne que celle qui est faitte de pierre tendre, & qu'elle souffre que l'on y mesle d'auantage de sablon qu'à la derniere : Consideré aussi qu'il y a du sablon qui amaigrit & vse de chaux plus l'vn que l'autre, comme celuy de riuiere, qui est plus ardant que celuy de sabloniere : A ceste cause il est tres-necessaire que le maçon y ait grande consideration : & principalement à bien faire mesler ensemble ladite chaux & sablon : & nonobstant telles diuersitez, ie n'ay laissé d'aualluer au plus prés du vray, combien il peut entrer desdittes matieres en chacune des toises de maçonnerie cy dessous specifiees. Le moyen le plus ordinaire pour assembler lesdittes matieres est par tombereaux, lesquels toutefois ne sont par-tout égaux, ains tiennent plus ou moins, selon principalemēt qu'ils vont prés ou loing querir lesdittes matieres, & aussi selō la force des cheuaux qui les tirent. Ce neātmoins ie n'ay laissé semblablement de faire vn estat de la quātité qu'il en faudroit pour les epesseurs de chacune des toises de maçonnerie qui ensuiuēt, & ce par les plus petits, & ceux qui tiennēt le moins.

Pour faire vne toise de mur d'vn pied & demi d'epesseur, faut la tierce partie d'vn poinçon de chaux, trois tombereaux de sablon, & cinq tombereaux de moillon, ou bloccage.

Pour la toise de mur de deux pieds d'epesseur, faut vn demi poinçon de chaux, peu moins, auec quatre tombereaux de sable, & sept de moillon, ou bloccage, peu moins.

Pour la toise de mur de trois pieds d'espesseur, faut les deux tiers d'vn poinçon de chaux, auec six tombereaux de sable, & dix tombereaux de moillon ou bloccage.

Pour la toise de mur d'vne toise d'epesseur, faut vn poinçon & vn tiers de chaux, douze tombereaux de sable, & vingt tombereaux de moillon, ou bloccage.

Sachant le prix de la chaux, sable, & moillon, on peut facilement iuger à combien reuient la toise selon son epesseur, y comprenant les iournees des maçons & aides.

Et est à noter, que toute muraille faitte de caillou au lieu de bloccage, doit estre plus epesse, par ce que le caillou ne se lie si bien du commencement auec la chaux, à cause de sa rotondité, que fait le moillon : & ayant son espesseur suffisante, la maçonnerie en est fort bonne & durable.

Pour faire vne toise quarree de maçonnerie, dont la face de deuant soit de pierre de taille, le derriere estant garni de moillon, faut quarante & huict pieds de pierre, à sçauoir quatre pierres à chacune assize, chacune desquelles aura deux pieds de long : deux d'icelles seront en face, les deux autres en bouttices entre-deux pour faire la liaison du mur, lesdittes pierres estans d'vn pied de hauteur : il y aura six assises à la toise, qui feront les quarante huict pieds cy dessus.

Pour faire vne toise de maçonnerie de pierre de taille parpeine de deux pieds d'epesseur, comme quelquesfois il est necessaire, & principalement aux tremeaux, il faut soixante & douze pieds de pierre à la toise.

Pour faire vne toise de mur de brique, d'vn pied d'espesseur ayant la brique huict poulces de long, quatre poulces de large, & deux poulces d'epesseur, il faut vingt & deux bricques & demie, comprins le mortier, reuenāt la toise à huit cens dix bricques.

Pour vne autre muraille de bricque de huit poulces d'épesseur, estāt la bricque de la longueur, largeur, & épesseur que dessus, faut quinze bricques au pied, qui est pour la toise cinq cens quarante bricques, comprins les ioings.

Si vous voulez faire vne muraille de grosse épesseur, toute de bricque, vous reduirez icelle au prorata, & à la raison que dessus est dit.

Pour faire le paué des salles, chambres, & garderobbes, de quarreaux de quatre poulces en quarré, faut neuf quarreaux pour le pied, & trois cens vingt & quatre pour la toise.

La tuile n'est par-tout de mesme longueur & largeur, mais la plus ordinaire a neuf poulces & demy de long, & six poulces de large : le millier d'icelle fera trois toises de couuerture, & celle du grand qualibre de Paris fera cinq toises.

Pour employer & fournir vn millier de tuile ordinaire, faut vn cent & demy de latte quarree, mais quand la tuile est grande, il y entre moins de latte à la toise, par ce qu'il ne faut latter si prés à prés qu'à la tuile ordinaire.

A chacune latte quarree, faut cinq cloux pour le moins.

Le millier d'ardoise d'Angers, fait quatre toises & demie de couuerture.

Au millier d'ardoise, faut vn cent & demy de latte volisse.

A chacune latte volisse, faut dix cloux pour l'estroitte, mais la latte estant large, y en faut quinze.

Au millier d'ardoise, faut de dix à douze toises de contre-latte.

A chacune ardoise, faut deux cloux, & quelquefois trois.

L'ardoise de Mesieres n'est pas si large, ne si belle que celle d'Angers, mais elle est plus épesse, & en faut dauantage pour la toise.

Les declarations contenuës cy dessus, seruent pour instruire ceux qui n'ont pas cognoissance de telles matieres, pour iuger combien, & quelle quantité il en faut pour le bastiment qu'ils veulent faire : Mais par les aduertissements contenus cy dessus, leur sera facile & aisé de compter sur les desseings & portraicts à peu prés, la despense qu'il conuiendra faire pour les matieres necessaires.

Auant qu'entrer en despense pour bastir, est tres-necessaire de dresser & arrester le plan & desseing de l'edifice, pour entendre les commoditez du dedans, tant du premier, qu'autres estages de dessus, aussi la symmetrie par le dehors, afin que le bastimēt estant parfait, le maistre & Seigneur d'iceluy n'ait regret à la despense par luy faite par ce que souuent est aduenu, que pour n'auoir obserué les symmetries, mesures, veües, & ordonnances necessaires, au lieu d'en receuoir contentement, on eust voulu le bastiment estre par terre.

Or ayant bien & meurement arresté le plan & desseing, il sera facile de mesurer & toiser toute la maçonnerie du bastiment, & sçauoir le nombre des toises, & à combien en reuiendra la toise, pour la pierre de taille, moillon, chaux, bricque, & autres matieres, auec la façon, comprins les enduits, & le prix de la toise arresté, sera aisé de cognoistre les nombres des toises du total de la maçonnerie : Et si les croisees, portes, lucarnes ne sont comprises à la mesme raison de la toise, en ferez marché separé, suiuant lequel iugerez la despense à part, & aprés adiousterez le tout ensemblément.

Pour le regard des cheminees, on en fait aussi coustumierement marché à part, selon les ordonnances & enrichissements d'icelles : car aucuns en veulent auoir de riches, autres se contentent d'vne besongne plaine, ne considerant que les manteaux saillies, iambages, languettes, thuyaux, & leurs hauteurs : mais quant aux enrichissements qu'on veut y estre faits, cela passe la cognoissance de ceux qui les commandent, voire bien souuent de ceux qui l'entreprennent : Et est besoin considerer le tout par le menu, afin que celuy qui met la main à la bourse, & l'autre qui est entre-

Liure d'architecture

preneur, ne soient abusez. Car bien souuent tel maistre entreprendra vne ordonance de cheminee à cent escus de façon, & vn autre ne la voudra faire à moins de deux cens escus, & aduiendra toutefois que le maistre de la maison aura meilleur marché de celle de deux cens escus, pour l'excellence de l'ouurage, que l'autre qui n'en couste que la moitié, estant la besongne de l'ouurier expert bien faite, auec science & art, & l'autre mal faite auec ignorance.

Quant au paué & quarrelage des salles, chambres, & garderobbes, il sera aisé, par ce qu'auons dit cy dessus, de sçauoir à combien monte la toise: & faut seulement mesurer les superficies de chacun membre, & en faire vn nombre & somme totale.

Pour les autres pauez des offices, si vous voulez qu'ils soient de grais, ou de pierre dure, faut sçauoir qu'en vaut la toise sur le lieu, pour estimer le nombre, & faire somme totale dudit paué.

Sera besoin, pour sçauoir que coustera la charpenterie, de dresser vn estat, ou memoire du nombre des trauees, tant des estages que des combles: Assauoir combien à chacun estage y a de trauees, la quantité des soliues de chacune trauee, le nombre des poultres, la longueur & épesseur d'icelles, sommer le prix qu'elles auront cousté: ferez le semblable de chacune trauee, regardant le prix de chacun soliueau, & faire somme de la trauee, & autre somme de toutes les trauees de l'edifice. Pour les combles, faut aussi voir le nombre des trauees, cheurons, & garniture de chacune d'icelles, valant telle somme: Et de toutes lesdites trauees ferez somme totale: Et semblablement de tout le bois de charpenterie. Faut aussi regarder separément que coustera la façon de chacune chose à part, tant des trauees que des combles, & que le tout soit bien declaré, pour apres faire marché total, ou separément, si bon vous semble. Obseruant cet ordre, cognoistrez ce que coustera toute ladite charpenterie.

Pour le regard des couuertures, soit tuile, ou ardoise, vous verrez aisément sur le plan & dessein la quantité & nombre des toises. Et par ce que cy dessus a esté declaré le moyen de sçauoir que coustera chacune toise, soit l'vn ou l'autre, vous calculerez le total selon sa valeur & prix.

Pour la menuiserie, si vous voulez fournir le bois, donnez ordre qu'il soit sec de deux ou de trois ans pour le moins, auant que le mettre en œuure. Vous ferez marché pour les façons separément, tant pour la croisee de telle sorte, selon la façon que la voudrez, que semblablement pour les huis d'assemblages, & huis forts: & du tout ferez somme totale.

Pour la serrurerie, vous sçaurés du maistre serrurier que coustera la serrure de chacune croisee au grãd chassis à six guichets, & de deux chassis à quatre guichets, & selõ le prix, & le nombre desdittes croisees, arresterez le nombre total: ferez le semblable de chacune huisserie garnie de serrure, pommelles, courreaux, crampons, & selon le prix de l'vne, arresterez le total. Aussi compterez le nombre des verges pour les paneaux des vitres des croisees: sachant le prix de l'vne, arresterez le total desdittes verges, & par les susdittes sommes en arresterez vne totale pour le fait de la serrurerie.

Pour les vitres, vous sçaurez combien on vend le pied de verre de France, & combien celuy de Lorraine, qui n'est pas si beau ne si cher, & choisirez lequel vous voulez auoir: considererez apres combien de pieds contiendra chaque paneau, combien il y a de paneaux à la croisee, & mettez le tout par memoire, & de tout le nombre desdits pieds ou paneaux, faittes somme totale.

Finablement faittes de toutes les sommes arrestees, vne totale, & par là verrez la despense de vostre bastiment, & mesurez vos moyens pour n'entrer en frais plus grands que ne pouuez porter.

Ce desseing

I.

CE deſſeing demonſtre vn lieu enclos dãs vn quarré paralelograme, de cinquante & cinq toiſes de largeur, & de vingt & cinq de profondeur (qui font treize cents ſoixante & quinze toiſes en ſuperficié, qui valent cinq quartiers de terre, moins vne corde, ou enuiron) auquel à la ligne du milieu ſur le derriere eſt la maiſon du Seigneur, ayant ſa court ſur le deuant du logis. Du coſté ſeneſtre d'icelle eſt vn iardin, & du coſté dextre eſt la baſſe court.

Ce lieu eſt fermé de murailles portans tallut dans les foſſez, & és quatre coings d'iceluy, y a quatre defenſes battans au long des courtines, dont celle du coſté du deuāt de la baſſe court ſert de colombier, lequel par bas a vne petite allee voultee, éleuee de ſix à ſept pieds de haut. Au milieu & centre du rez de terre d'iceluy eſt vn pillier, ſur lequel ſera portee ladite voulte, faiſant ſa circonference tant à l'entour d'iceluy, que ſur les murailles du colombier. Icelle allee pourra auoir ſept ou huit pieds de large, & ſeruira non ſeulement pour batteries au long des courtines, mais auſſi de laitterie: au deſſus icelle ſera le colombier.

L'entree du lieu eſt iuſtement au milieu de la courtine ſur le deuant, où eſt aſſis le pont-leuis, dont d'iceluy on vient à vne place en maniere de petite court, à laquelle à dextre & à ſeneſtre ſont deux petits corps de logis, à chacun deſquels eſt chambre baſſe, garderobbe, & greniers deſſus. Celuy du coſté du iardin ſeruira pour ſuruenãts, ſe bon ſemble, l'autre pour le metayer, ayant ſon fournil auec ſa commodité. D'icelle place on va à la baſſe court par le coſté dextre, ayant ſa grange & preſſoir, & vne petite eſtable entre deux. Du coſté dextre de l'entree ſont eſtables, dont l'vne ſera pour cheuaux, & les autres pour beſtail.

De la ſuſditte place il faut monter quatre ou cinq degrez à la court du Seigneur, laquelle a quinze toiſes de large, & huit de profondeur. Icelle n'eſt fermee du coſté de l'entree, & de la baſſe court, que d'vne muraille d'appuy de trois pieds de haut, le logis du Seigneur ayant ſon regard ſur icelle pour y découurir.

A l'entree du logis du Seigneur eſt vn perron rond, auquel on monte des deux coſtez à vne gallerie faitte en demie circonference, de laquelle on entre és membres & commoditez du logis. Par bas ſur le rez de terre dans la place ouale, qui eſt entre les deux montees de l'eſcallier, ſe peut éleuer vne fontaine, & y eſt ce lieu fort propre, voire ſi le Seigneur a auprés de luy quelque ſource, & qu'il y vueille faire la deſpence.

La forme de ce baſtimēt ſont deux pauillons, & vn petit corps de logis entre iceux, dans lequel eſt au milieu vne petite allee ſeruant de paſſage, de laquelle on va à vne petite terrace eſtant entre les deux pauillons ſur le derriere. Par le milieu d'icelle l'on deſcend des deux coſtez à vne autre terrace baſſe eſtant ſur le foſſé. Et d'icelle on va à vn terraut en forme ronde plantee d'aulnes, ayant vne table de pierre ou d'ardoiſe au milieu, & ce lieu ne ſert que de beauté, eſtāt iceluy circui de foſſé en circōference.

Les deux pauillons ſont éleuez de deux eſtages au deſſus du perron, & leur galletas deſſus. Au deſſous du perron ſont les offices, auſquelles faudra deſcendre du rez de terre de trois ou quatre pieds, & icelles s'accōmoderont ſelon le deſſein du plan. Au petit corps de logis du milieu, qui eſt entre iceux pauillons, eſt l'eſcallier, auec quelques cabinets, dont le paſſage ſuſdit eſt entre deux. D'iceluy eſcallier on deſcendra à couuert aux offices, & qui voudra à deſcouuert par le perron.

Le iardin eſt au coſté ſeneſtre du logis du Seigneur, lequel a vingt toiſes de largeur, & vingt & cinq en profondeur, le tout enclos dans la place, comme dit eſt.

La cloſture des courtines & petits forts, (à prendre trois toiſes du pied du fondement iuſques au deſſus de l'appuy ou parapel, & pour le colombier, à prendre du fondement iuſques à ſon entablemēt huit toiſes, comprenant auſſi le tallut regnant du logis du Seigneur du coſté du foſſé) reuient à cinq cents quatre vingts toiſes,

B

Toute la maçonnerie de la basse court, auec les éleuations des clostures regnantes au tour le lieu de dix à vnze pieds de haut au dessus des talluts, & les deux petits corps de logis (hors mis les contrescarpes, qui regnent entour le fossé par le dehors, & dont ie ne fay mention, & aussi qu'il n'est besoin y faire la despence) reuient à six cents soixante & dix toises.

Toute la maçonnerie du logis du Seigneur (à compter du pied du fondement iusques à son entablement, sept toises & demie, rabatant le mur, du tallut, du costé du fossé ja compté) reuient à six cents trente toises.

Les voultes des offices & caues, reuiennent à soixante & quinze toises.

Pour le regard du paué des offices, il ne faudra pauer que la cuisine, dont ie n'en fay point de calcul.

Le carrelage des trois estages, reuient à cent cinquante toises.

A chacũ estage y a quatorze croisees, qui sont vingt & huit pour les deux: toutefois ce ne serõt que fenestres sans mesneau: les chassis y posez ferõt les croisees de paneaux.

Dixsept petites lucarnes, & dixsept petites veuës en glacis, pour l'estage des offices & caues.

La couuerture du logis du Seigneur reuient à sept vingts toises.

La couuerture de tout le logis de la basse court reuient à deux cents trente toises.

A chacun estage il y a deux cheminees, vne à chacune chambre, & point aux garderobbes, qui sont six pour les trois estages, & vne à l'estage des offices.

Il y aura en tout le logis du Seigneur quarante huisseries ou enuiron, & quinze grandes que petites à la basse court.

Il y a à chacun estage six traueés, & deux poultres, sans les petites du petit corps du milieu, & les combles.

Les trois petits pauillons des coings seruent de defense, & se couuriront de pierre de taille, en forme pyramidale, comme apparoit par le desseing de l'éleuation.

II.

CE dessein demonstre vne masse de bastiment d'assez legere ordonnance, n'ayãt qu'vn estage manable, lequel est éleué du rez de terre de cinq à six pieds: & dessous se pourra faire quelques caues, ou celiers, cõme le premier plan le figure: la court sera sur le deuant, & le iardin sur le derriere.

Le contenu de la court & bastiment, non comprins le iardin, a de largeur vingt & deux toises, sur vingt & trois de profondeur, qui font en superficie cinq cens six toises, qui valent demi arpent, moins quatre toises & demie, ou enuiron.

De la court on montera quatre ou cinq pieds pour venir à vne terrace fermee de trois costez de bastimẽt, & sur le deuãt de la court, d'vn appuy de trois pieds de haut. D'icelle terrace faut derechef monter quelques deux pieds pour entrer par deux coings és cõmoditez d'iceluy estage, lesquelles sont vne salle, vn cabinet, & vn serrenappe. Du costé dextre d'icelle salle est vne chambre auec sa garderobbe, cabinet & priué: de l'autre costé senestre, est vne cuisine, le gardemanger, l'escallier, vne chambre, sa garderobbe, & vn cabinet. Au dessus sont galletas, ou greniers.

Des deux costez du bastiment, sont deux allees pour passer de la court au iardin, fermees du costé d'icelle par deux portes, au dessus desquelles aussi sur vne partie des allees, sont prins deux cabinets, vn de chacun costé, qui sont ceux dont nous auons par cy deuant dit, qui seruent pour les chambres.

Dans la court, du costé de l'entree à dextre & à senestre, sont deux petits corps d'hostel de legere ordonnance: l'vn pour seruir à escuries, l'autre pour vne petite chambre & garderobbe.

Pareillement és deux costez de la court, tant à dextre qu'à senestre, se plãteront six arbres, qui seront douze pour les deux costez, & feront monstre comme deux petites

terra-

terraces respondantes du grand corps aux deux petits sur le deuant, & se pourront icelles terraces éleuer du rez de la court d'vn demy pied, & les pauer de pierre, & seront couuertes des fueilles des arbres: vous verrez comme il est desseigné par le plan du rez de chaussee de la court, qui suit apres le fueillet de son eleuation.

Toute la maçonnerie de ce bastiment (à prendre du pied du fondement iusques au dessus de l'entablement quatre toises & demie, non comprins les murs des clostures, ains seulement les deux petits pauillons ioignans le corps) reuient à quatre cents cinquante toises.

La maçonnerie de la closture de toute la court iusques au iardin, & des deux petits corps sur le deuant, reuient à septvingt dix toises.

Le carrelage de l'estage & du galletas, ou greniers, reuient à six vingt dix toises.

La couuerture de tout le bastiment, auec les deux cabinets couuerts en dosme, reuient à sept vingts six toises.

Il y a vnze croisees auec neuf, que demies que bastardes.

Plus quinze traucees tant grandes que petites, & ne sont les garderobbes comptees que pour vne: mais la salle pour quatre: plus les combles à l'aduenant.

Il n'y a en tout ce bastiment que quatre cheminees, vne pour la salle, deux aux deux chambres, & vne à la cuisine, qui n'en voudroit faire au galletas pour seruir de chambres en lieu de greniers.

Plus vingt huisseries.

La couuerture des deux petits corps de deuant, reuient à cinquante toises.

Plus vne cheminee à l'vn des petits corps, auec quatre huisseries, & six petites fenestres, & quatre petites lucarnes.

III.

CE dessein demonstre vne closture ou pourpris, dans lequel est assis vn logis seigneurial, & sur le derriere d'iceluy vn iardin, & au deuant vne basse court: laquelle, comprins les commoditez, a trente cinq toises de large, & vingt de profondeur, qui sont sept cens toises en superficie. Le logis seigneurial contient, tant en sa court qu'aux bastimets, vnze toises de large, & quatorze de profondeur, qui sont sept vingts quatorze toises en superficie. Le iardin a trente & quatre toises de large, & dixsept de profondeur, qui sont cinq cens soixante & dixhuit toises plaines, qui est en tout quatorze cens trente & deux toises, qui valent cinq quartiers, & quatre cordes de terre, quelque peu moins.

A l'entour de la closture regne vn terraut d'vnze pieds de large, excepté qu'és deux costez du logis du Seigneur sont deux places plus grandes, l'vne à dextre, l'autre à senestre: dans lesquelles se pourront pratiquer deux petits forts d'arbres de cyprez, ou de lauriers: au milieu d'iceux quelque table, pour tousiours rëdre le lieu plus aggreable & plaisant. Il faut aller en ces deux places par la court du Seigneur. Tout le terraut regnant entour le clos est fermé d'vn fossé de trois ou quatre toises, selon la volonté du Seigneur.

L'entree du logis est par la basse court, à laquelle est le pont leuis. A dextre & senestre d'icelle sont logis, tant pour le metayer, que pour les suruenants, auec escuries & estables pour le bestail: & sur le derriere d'icelle, tant d'vn costé que d'autre, sont pareillemët deux corps de logis, l'vn pour seruir de grãge, l'autre de pressoir & foulerie.

De l'entree on passe au trauers de la basse court pour aller au logis seigneurial, par vne allee pauee, ou bien plãtee d'ormes d'vn costé & d'autre. Au deuãt duquel est vne petite court où lon monte deux ou trois degrez pour y venir de la basse court. Et d'icelle faut derechef mõter à vne petite terrace quatre degrez, en laquelle est vn perró, par lequel on monte derechef pour aller és commoditez du logis seigneurial, lequel est composé d'vn corps de logis de douze toises de longueur, auec deux autres petits pauillons, l'vn à dextre, l'autre à senestre de la terrace.

Les commoditez du logis seigneurial sont d'vn escallier au milieu: & d'vn costé d'iceluy est vne salle, & de l'autre vne chambre & vn cabinet. Les deux petits corps ioignants, sont deux garderobbes, l'vne pour la commodité de la salle, l'autre pour le seruice de la chambre. Au dessous de ces membres, principalement sous le grand corps, sont caues, esquelles on descend des deux costez par la court du Seigneur, comme apparoist par le dessein de l'éleuation. Au dessus de la salle, chambre, & garderobbe, sont galletas de pareilles commoditez.

Es deux coings du grād corps du costé du iardin, sont cōme deux petits pauillōs, lesquels seruiront à chacun estage de petits cabinets: & qui ne voudra les faire seruir dés le bas, il se pourra faire sous chacū vne arcade voultee fort plaisante sur le iardin.

Toute la maçonnerie de la basse court (tant des clostures, lesquelles auront deux toises de haut du rez de terre, & trois pieds de fondation, que tous les bastimēts comprins en icelle, excepté le logis seigneurial) reuient à quatre cens cinquante toises.

Le logis seigneurial, prenant du pied de sa fondation iusques à l'entablemēt, cinq toises de hauteur, tant pour les offices & caues, que pour l'estage de dessus, que aussi pour ce qui est éleué pour le galletas, le tout reuient à trois cens soixante toises.

La closture du iardin, à prendre deux toises du pied du fondement iusques à son éleuation, reuient à deux cens trente toises.

La couuerture de tous les bastimens de la basse court, reuient à deux cens toises.

La couuerture de tout le logis seigneurial, reuient à cent quinze toises.

Les voultes, tant des offices que des petites caues, reuiennent à soixante toises.

Le carrelage de deux estages du logis seigneurial, reuiēt à cent toises, non cōprins les offices, d'autāt que ce qui est pour offices se doit pauer, ou faire de gros quarreau.

Le carrelage de la maison du metayer, & la maison semblable, assise à l'opposite d'icelle, qui sera pour les suruenants, reuient à vingt & deux toises.

Il y a au logis du Seigneur douze cheminees, & deux à la basse court.

Il y a huict croisees au grand corps, & quatre demies aux deux petits. Pareillement huict lucarnes au galletas, & quatre demies, sans les petites fenestres, tant pour le iour des offices, que des deux petits pauillons.

Il y a huict trauees au logis du Seigneur, & autant au galletas, faits en combles, & trois poultres, sans les petites trauees des petits pauillons.

En la basse court, és deux logis, six trauees, & autant aux greniers en comble, & deux poultres, vne à chacun costé.

Il y a vingt & deux huys en tous les estages du logis seigneurial.

En la basse court, il y en a douze, sans la grande porte de deuant, & aussi quelques petits aux estables.

IIII.

CE dessein represente vne place fermee de tous costez de sossez, laquelle a soixante & dix toises de largeur, & vingt de profondeur, qui est en nombre quatorze cens toises de superficie, qui font cinq quartiers vne corde, ou enuiron, non comprins les saillies des petits pauillons des coings. Du costé senestre d'icelle place, est la basse court auec ses commoditez, & du costé dextre, est le logis seigneurial. Entre icelles courts y a vn fossé, ayant vn pont au milieu, pour seruir de passage de l'vne à l'autre.

En cestedite place y a deux entrees, l'vne à la court du Seigneur, l'autre à la basse court, & à chacune vn pont leuis.

Ladite basse court a quarante toises de large, & vingt de profondeur, dans laquelle sont cōprins les bastimēs y necessaires, lesquels sont assis sur le derriere, en face & veuë de l'entree. Au milieu est la grāge, aux deux costez de laquelle sur le deuant sont

deux

deux estables, l'vne à dextre, l'autre à senestre, éleuees seulemēt de sept à huict pieds.

Par le dehors d'icelle sont deux allees, l'vne à dextre, l'autre à senestre, pour du rez de la court veoir le fossé au dessus les appuis : ou bien qui voudroit pratiquer l'vne d'icelle en descēte par dessous le tallut, moyēnant vn arc, par lequel on feroit boire le bestail, y gardāt toutefois quelque ordre de defense, pour empescher l'entree à ceux qui y voudroient nuire. Es deux costez, & outre les allees sont deux corps de logis, l'vn seruant pour retirer vn metayer, ou laboureur, auec estables pour cheuaux, l'autre seruira à estables pour bestail.

En icelles sont deux petits escalliers suspendus pour aller aux greniers.

Es deux coings d'icelle basse court, par le dehors sont deux éleuations : celle de deuant seruira de colombier, au bas duquel se fera vne voulte éleuee de sept à huict pieds. Et en icelle place sera la laitterie, de laquelle on descouurira le long des fossez. A l'autre coing sera pareillement en saillie vn petit fort de sept pieds dans œuure seulement, & couuert en forme pyramidale, dont la pointe finira au coing de la closture, duquel fort on descouurira aussi le long des fossez.

La court du Seigneur a vingt toises en quarré : sur le costé dextre d'icelle est le logis du Seigneur, ayant vne terrace de deux toises de large, ou enuiron. Ioignant iceluy, il faut monter de la court à icelle terrace par vn perron estant assis au milieu, duquel on peut monter des deux costez. Aux deux bouts d'icelle terrace y a deux petits pauillons de chacun costé, seruans pour le grand corps de montee & priué.

Le grand corps de logis est accommodé de membres desseignez sur le plan. Es coings d'iceluy par le dehors, sont deux pauillons inesgaux, seruans tant pour commoditez à chacun estage, que pour descouurir le long des fossez.

Au premier estage estāt à rez de terre de la court, se pourroiēt faire les offices, & les accōmoder suiuant & cōme ie le vous ay desseigné de l'autre part, auec la terre dont cy dessus auons parlé : & faut que la terrace soit éleuee de la hauteur des voultes des offices, qui sera de neuf à dix pieds de haut. Au dessous d'icelle terrace sera vne gallerie à arcades, & voultee comme ie l'ay figuree à l'éleuation faite de la face de la court.

L'estage qui est au dessus, au rez de la terrace sur la gallerie, ce seront les commoditez desseignees sur le plan figuré auec la basse court. Au dessus seront galletas accommodez de tels membres que l'estage de dessous. Les pauillons estans és coings, seront éleuez d'vn estage plus que le grand corps, pour seruir aux galletas d'iceluy, & aussi pour donner beauté au lieu.

Le fossé sur lequel seront assis les deux ponts où sont les entrees, est élargy en demie circonference, pour tousiours donner plus de grauité au fossé.

Le iardin (estant sur le derriere) tient tout le contenu de la longueur de la place, qui est soixante & douze toises en quarré, auec la saillie des pauillons, dans lequel en maniere de croix, & és enuirons, sont allees plantees d'arbres, auec espailliers separans & rendans le iardin en quatre parties. Ausquelles se peuuent, si bon semble, faire parquets tous esgaux, ou bien les diuersifier d'ordonnances, & enrichir comme lon aduisera, dont s'en pourra trouuer de diuerses sortes par vn liure que n'agueres i'ay mis en lumiere. Encor que i'aye clos & fermé par mes desseings le iardin de fossez, & murailles en tallut, tant du costé du iardin, que par le dehors du fossé : neantmoins si bon semble, ledit iardin se peut fermer de haye, & aussi que ie n'en fay nul calcul ne compte au toisage.

Toute la closture du lieu, assauoir des tallurs éleuez depuis les fonds des murailles iusques au cordon, de deux toises & demie de haut, le tout reuient à quatre cens cinquante toises, non compté la contrescarpe, laquelle se peut fermer de haye, ou la laisser sans closture, qui seroit le meilleur.

Toute la maçonnerie, tant de la basse court que de ses clostures, ayant deux toises de haut, reuient à cinq cens quatre vingts dix toises.

B iij

Toute la maçonnerie du corps de logis du Seigneur, & de la closture de sa court, auec le pont separant les deux tours, reuient à sept cens toises.

Les voultes des offices, reuiennent à huict vingts dix toises.

Le carrelage de tous les membres du logis du Seigneur, reuient à deux cens toises, non compté celuy des offices, lequel se pourra pauer principalement à l'endroit de la cuisine.

La couuerture de tout le logis du Seigneur, reuient à neuf vingts dix toises.

La couuerture de toute la basse court, reuient à trois cens cinquante toises.

Il y a huit cheminees en tout le logis du Seigneur, & deux au logis de la basse court.

Plus dix croisees au logis du Seigneur, auec dix lucarnes au galletas, & quatorze petites fenestres simples pour les pauillons, & autres places.

Plus douze trauees au logis du Seigneur, tant grandes que petites, & quatre poultres: douze autres trauees pour les combles.

Il faut trente huisseries au logis du Seigneur.

A la basse court faut quinze petites fenestres, & autant de petits iours pour les greniers.

Plus à ladite basse court, enuiron trente huisseries.

V.

Ce bastiment est vn petit logis, ayant vne court sur le deuant, vn iardin derriere, & deux petits iardins à fruicts à dextre & à senestre d'iceluy. Tout le contenu du lieu reuient à trois cens soixante & quatre toises de superficie, qui font vn tiers d'arpent de terre, moins demie corde, ou enuiron.

L'entree de ce lieu est par vne court au deuant du logis, laquelle a seulement cinq toises en profondeur, & huict & demie de largeur.

Le corps de logis consiste en vn estage, & le galletas dessus, accompagné de quatre petits pauillons saillans és coings: chacun d'iceux a deux estages, & vn petit galletas dessus.

Les commoditez du logis sont, vne salle de vingt pieds de large, sur six toises deux pieds de long: és angles d'icelle, sont quatre petits pauillons, lesquels entrent dedans ledit corps de logis, qui font & rendent en partie la salle quarree comme vne chambre: & des deux costez d'icelle, ce sont deux arcs, vn de chacun costé, voultez en parquets, qui donnent beauté à la salle par le moyen de ces renfondremens. Dans chacun d'iceux arcs se fera vne croisee, en sorte que le iour se trouuera dedans ladite salle ou chambre des quatre costez. La place du lit se mettra contre l'vne des croisees, ioignant la cheminee, laquelle sera fermee de menuiserie, & seruira pour vn petit cabinet, come il est figuré sur le plan, & iraon en iceluy cabinet, entre la cheminee & le lict.

Faut entendre que les deuant & derriere d'icelle salle ou chambre sont pareils, & qui voudra, d'vne mesme symmetrie. Semblablement les renfondremens du costé dextre & senestre d'icelle salle seront pareils. Sous la profondeur d'iceux renfondremens, qui est de sept pieds à chacun, y a deux passages, vn de chacun costé, pour aller és commoditez des pauillons: dont l'vn seruira de montee, & d'vn priué derriere: l'autre opposite, de cabinet: les deux autres, de garderobbes.

Au second estage de ladite salle ou chambre, seront galletas: mais les estages des pauillons seront encor à plancher, à cause qu'iceux sont éleuez plus haut que le corps du millieu: & mesme qu'au dessus du second estage d'iceux, sera encor vn galletas, auquel on ira par vn petit escallier pratiqué à leur deuxiesme estage en dedans, comme il est desseigné sur le plan de l'vn.

Ce lieu est garni d'vne petite escurie pour quatre cheuaux, auec vne petite court & vne petite place à serrer les harnois, & coucher les valets, & ce du costé dextre de la court: l'autre costé opposite, à senestre, est vn fournil ayant pareille petite court & place

place que la fufdite. Outre ladite court à dextre & à feneftre, font deux autres petites places pour s'en feruir à chofes qui fe trouueront y eftre neceffaires.

Du rez de la court on monte trois degrez, pour aller en vne petite terrace eftant entre les deux faillies des deux pauillons de deuant, & ioignât le corps de logis: dont d'icelle terrace on entre par l'vn des coftez à vne cuifine, & de l'autre cofté oppofite, à l'efcallier, auquel eft vn paffage pour aller à l'vn des petits iardins, & de là, au grand iardin.

Pour aller à l'autre petit iardin, faut paffer par la petite place, eftant du cofté de l'efcurie.

Es deux coftez du grand iardin, vers l'entree, entre les faillies des petits pauillons, font deux berceaux de galleries figurez au deffein, dont l'entree dudit iardin fe trouue fous l'vne d'icelles.

Tout le contenu de la maçonnerie, tant du logis que des clofures & membres y enclos, reuient à quatre cens quatre vingts toifes.

Le carrelage de tout le logis, reuient à quatre vingts dix toifes.

Il y a neuf cheminees pour tout.

Il y a cinq croifees auec huict demies pour les quatre petits pauillons, & cinq lucarnes pour le galletas du corps du millieu, & quatre petites pour les quatre petits pauillons.

La couuerture du logis du Seigneur, reuient à cent dix toifes.

La couuerture de l'efcurie, du fournil & des petites places, reuient à foixante & dix toifes.

Il y a neuf trauees au logis du Seigneur, tant grandes que petites, auec deux poultres. Plus neuf trauees aux cobles, fans les deux petits combles prochains de l'efcurie, & du fournil.

Il y a, tant au logis du Seigneur qu'à la baffe court, trente huifferies, ou enuiron.

VI.

CE baftiment eft affis en vne place d'vn quarré imparfait de vingt & quatre toifes de largeur, fur feize de profondeur. La place ainfi que le plan fe cóporte, reuient à trois cents quatre vingts quatre toifes en fuperficie, qui font quelque tiers d'arpent de terre, & vne corde ou enuiron, non compris les foffez circuifants en tous les angles, le deffeing du plan.

Le principal de ce baftiment, eft vn corps de logis, affis fur le derriere de la court, accópagné de deux petits corps aux bouts d'iceluy, l'vn à dextre, l'autre à feneftre, figurez en pauillons, à chacun defquels eft ioignant vne petite gallerie à arcades par bas, & en terrace deffus: par lefquelles du grád corps on vient à deux autres petits pauillons eftans fur le deuát de la court, affis de coing en coing, & entre lefquels y a vne petite gallerie par bas, allant de l'vn à l'autre, & au deffus vne terrace, & faifant clofture de la court fur le deuant.

Le millieu d'icelle eft deffeigné en demie circonference, en laquelle eft l'entree du lieu, auec fon pontleuis. Iceux deux pauillons font garnis de cómoditez deffeignees fur le plan. Deffous le grand corps, & pareillement au premier eftage des deux petits pauillons, des deux coftez y feront les offices neceffaires. Au haut de la terrace eft le rez du premier eftage du grand corps, auquel font eleuez deux eftages, & le galletas deffus. Quant aux deux petits corps du rez d'icelle terrace, il n'y a qu'vne eftage, & le galletas deffus.

Le premier eftage deffeigné à l'eleuation, fert à l'eftage des offices, cóme dit eft cy deffus, lequel refpond à la hauteur de la terrace. Dans iceux petits corps font cóprins les efcalliers du grand corps, comme le deffeing de l'eleuation le monftre.

Chacun eftage d'iceluy grád corps eft accommodé, affauoir par le cofté dextre, de

B iiij

Liure d'architecture

salle & garderobbe, & le petit corps ioignant, de chambre, garderobbe, & escallier. A l'autre costé senestre est vne antichambre, sa garderobbe & chambre. Et au petit corps ioignant, vne arriere chambre, & garderobbe, auec l'escallier. Sur le millieu d'iceluy grand corps est vn renfondrement d'vne demie circonference imparfaite, au millieu de laquelle est vne allee pour passer à vn petit corps oual, auquel est vn escallier regnant en tous les estages, à la cime duquel est vn dosme doublement éleué pour auoir le regard de tous costez.

Du rez de la court, est vne terrace regnante entour le logis par le dehors, de sept pieds & demy de large, commençant desdits deux costez de l'escallier oual, & finissant aux deux petits pauillons qui sont sur le deuant. Icelle terrace est assise sur le tallut du fossé.

Toute la maçonnerie de ce bastiment (comprins les talluts, tant du dedans de la contrescarpe, que de tous les corps) reuient à seize cens quatre vingts toises.

Les voultes des offices de dessous le grand corps, & des deux petits, reuiennent à cent cinquante toises.

Le carrelage de tous les estages du bastiment (excepté les offices, lesquelles se paueront de pierre) reuient à trois cens vingt toises.

La couuerture de tout le logis, reuient à deux cens trente toises.

En tous les estages y a dixsept cheminees.

Au grand corps, à chacun estage y a six croisees, qui sont douze pour les deux estages, & deux pour les petits corps, & autant de lucarnes au dessus, auec dix fenestres bastardes, & douze iours descendans és offices.

Plus en tout le logis vingt & six trauees, & quatorze poultres, grandes que petites, sans les combles.

Plus en tout le logis cinquante huisseries.

VII.

CE dessein represente vn corps de logis assis dans vn quarré parallelograme de vingt toises en largeur, & quinze en profondeur, qui sont trois cens toises de superficie, qui valent vn quartier d'arpent de terre, & deux cordes, vn peu moins.

Ce lieu est fermé és quatre costez de courtines: aux quatre coings sont quatre forts en forme ronde, le tout enclos d'eauë.

Les courtines, & les talluts, auec les forts, se feront de terre sans autre matiere, en donnant bon empattement aux talluts. Pour le regard du parapel, qui sera sur les talluts, il sera bon de laisser rasseoir les terraux, & les talluts estans faits à leur hauteur, quelque demy an, pour affaisser la terre : & apres laisser rasseoir deux ou trois pieds de parapel, & cela assis, le laisser encor reposer deux ou trois mois : puis apres asseoir derechef vne autre assiette de parapel dessus le premier, de la hauteur que voudrez: afin que la terre se puisse plus aisément affaisser dessus la premiere, sans se corrompre : ou bien si voulez faire vos talluts, parapel, & forts de gasons & fassines, vostre logis sera tout fermé sans grande despense de la maçonnerie.

Pour le regard du bastiment, c'est vne masse de trois corps de logis, liez ensemble, deux sur le deuant, & vn sur le derriere, ayant sur la face de deuant quatorze toises de largeur, & huict & demie de profondeur; chacun corps a trois estages, le premier sert d'offices & caues : il y faut descendre du rez de terre de quatre ou cinq pieds, & au dessus d'iceluy est vn autre estage en galletas.

A l'entour du logis, regne vne terrace seruant de court, de quatorze pieds de large, entre le mur du logis, & le parapel.

Premierement du rez de terre pour entrer au logis, faut môter deux ou trois pieds à vne place en forme d'vne petite court fermee de trois costez des trois corps de logis,

& d'icelle móter derechef à vne petite terrace deux ou trois degrez, & d'icelle terrace on entre aux palliers des montees, estans és coings de ladite terrace : desquels palliers on va par les costez à la salle, & de la salle aux chambres, & aux cómoditez de l'estage.

Au dessus est le galletas, accommodé de pareilles commoditez que le precedent.

Tout le bastiment (ayant cinq toises depuis sa fondation iusques à l'entablement) reuient à trois cens cinquante toises.

Les voultes de l'estage bas des offices & caues, reuiénent à soixáte & quinze toises.
Le carrelage des deux estages, auec les palliers des degrez, reuiét à cent vingt toises.
Il y a huit cheminees aux deux estages, & vne à l'estage, des offices, qui est la cuisine.
Il y a neuf croisees, & huict demies.

Neuf lucarnes, & huict petites.

Ne faisant à la salle que trois trauees, & deux à chacune chambre, auec les deux des garderobbes, sont neuf trauees, & quatre poultres.

Autant de trauees aux galletas, toutefois en comble.

Il faut en tout le logis trente portes, ou enuiron.

La couuerture des cinq pauillons, comme le dessein de l'éleuation le monstre, reuient à huict vingts toises.

A l'entree sera vne basculle assise sur vn bon tallut de pierre, ou bien vn pont leuis, auec quelques petites fenestres aux montees, lesquelles seront couuertes en forme de dosme, respondant toutefois sur les angles.

VIII.

CE lieu pour le regard de ses cómoditez n'est gueres dissemblable au precedent : Estant pareillement dans vn quarré parallelograme, de vingt & quatre toises en largeur, & seize en profondeur, non comprins l'épesseur du parapel & tallut, ne pareillement la saillie des forts, qui sont trois cens quatre vingts quatre toises de superficie, qui font vn tiers d'arpent, & vne perche de terre, & quelques toises, ou enuiron, ayant quatre forts quarrez és quatre coings.

Les courtines auec les forts & tallut, le tout se fera de terre, y pratiquant de petits iours ou canonnieres pour batteries.

Ce dessein fait monstre d'vne allee en berceau de six à sept pieds de large, de charpenterie, ou treille couuerte de vignes, ou couldroyes dessus les terraces, & ioignant les courtines : Et icelle pour donner quelque commodité ou beauté pour se pourmener l'Esté à couuert, pour la chaleur du Soleil. Les courtines & forts ne laisseront pas de demeurer en leur entier & force.

Pour le regard des pilles ioignant le pont leuis, icelles se feront de pierre en tallut, comme il est figuré au dessein de l'éleuation.

Quant à la masse du corps de logis, il y a dix sept toises de large, & neuf de profondeur, les terraux d'enuiron trois toises & demie de large, dont l'allee de treille y est comprinse.

Les corps de ce bastiment ont deux estages, & les greniers dessus. Par bas sous la salle, seront caues, & le reste des deux costez seruira à offices. Du rez des terraux faut monter deux pieds à vne petite court, en maniere de terrace, estant deuant la salle, de cinq toises de large sur quatre de profondeur, & d'icelle terrace on monte par deux degrez de chacun costé, estans sur le derriere és deux angles de ladite terrace où lon va aux escalliers, ausquels sont les entrees de la salle & des chambres.

Le premier estage est accommodé d'vne salle ayant deux garderobbes, vne de chacun costé, pour la commodité d'icelle. Plus deux chambres, deux garderobbes, & deux cabinets, auec deux escalliers. Le deuxiesme estage sera de telles commoditez, & les greniers dessus.

Mais aduenát qu'on se vouluft passer de l'estage bas des offices, ne voulant faire la

Liure d'architecture

despense, on pourra faire seruir la garderobbe de l'vne des chambres (laquelle a deux toises & demie de long sur deux de largeur) de cuisine, par le moyen d'vn petit passage entre la salle & icelle cuisine: & ioignant l'escallier, la petite place, qui restera prochaine de l'allee, seruira de gardemanger. Toutefois voulant faire seruir l'estage bas à offices, au dessous de l'vne des chambres se fera la cuisine, auec son gardemanger sous la garderobbe. Et sous l'autre chambre de l'autre costé se fera vn fournil, auec quelques commoditez. Sous la salle seront caues, toutefois y aura vne allee de quatre pieds, voultee, regnant de la cuisine iusques au fournil, pour aller de l'vn à l'autre, au milieu de laquelle sera l'entree de la caue.

Les fondements du logis seront de deux toises & demie, au dessous du premier estage éleué du rez de terre, sous lequel se prendront les caues & offices, comme cy dessus auons dit: & d'iceluy estage eleué du rez de terre, iusques à l'entablement, quatre toises & demie, qui seroit de hauteur de mur, depuis le fondement iusques à la cime, sept toises.

Toute la maçonnerie, comptant l'estage des offices & caues, reuient à six cens vingt toises.

La voulte de la caue & offices, reuient à quatre vingts dix toises.

Le carrelage, tant du premier estage du rez de terre, que le deuxiesme, & celuy des greniers, reuient à deux cens dix toises.

Les couuertures de tous les corps, couuerts en pauillons, comme le dessein de l'éleuation le monstre, reuiennent à cent quatre vingt toises.

Il y a cinq cheminees à chacun estage, & deux à celuy des offices, qui sont douze pour le tout.

Il y a à chacun estage quatre croisees, & quatorze demies, qui sont huict croisees & vingt & huict demies, pour le logis, auec seize fenestres, tant simples que souspiraux, pour le iour de l'estage des offices & caues.

Aussi quatre lucarnes, auec quatre petits iours ou veües, qui seront faites en maniere de petites lucarnes.

Il sera bon de faire à la salle cinq trauees, ausquelles il faudroit quatre poultres, pour cause que n'en y ayāt que trois, les trauees se trouueroiēt trop larges & foibles. Ce faisant seront treize trauees à chacun estage, & six poultres, qui seront pour les deux estages vingt & six trauees & douze poultres, & la moitié pour les combles.

Il y a en tous les estages du logis quarante huisseries, ou enuiron.

IX.

CE dessein represente vn petit lieu, ayant toutefois beaucoup de commoditez. Et premierement le logis seigneurial auec sa basse court, les iardins, tant à fruicts, que le iardin ordinaire: puis des prez & vignes auec vn estang, au bout duquel le iardin & ledit logis seigneurial sont contenus.

Pour le regard du contenu du clos, dans lequel est comprins la basse court, le iardin, & l'allee du deuant de l'entree, le tout contient quinze cens trente toises en superficie, qui valent vn arpent, quartier & demy de terre, ou enuiron.

Le logis seigneurial est, comme dit a esté, assis sur la queüe de l'estang, enuironné d'eauë de tous costez: il consiste d'vn corps d'hostel seulement, auec quatre petits pauillons és quatre coings d'iceluy. Ce corps est accommodé d'vne salle de six toises de long, sur quatre de large. Attenant icelle est vne chambre de trois toises en quarré. Des quatre petits pauillons qui sont és quatre coings, l'vn de deuant sert d'escallier, l'autre d'vne petite cuisine, les deux autres sur le derriere seruent à la salle, l'vn à serrer le linge & vaisselle, l'autre de garderobbe: vn chacun d'iceux a dans œuure deux toises deux pieds d'vn costé, sur dix pieds de l'autre.

Ce corps de logis n'a qu'vn estage, & le galletas dessus, auquel galletas seront les mesmes commoditez qu'au premier estage.

Les petits pauillons excedent en hauteur le corps de logis de quelque toise, pour en icelle hauteur gaigner plus aisément les cõmoditez, pour seruir aux membres du galletas. Et pour le regard des trois pauillons où n'est l'escallier, il se peut faire en leur deuxiesme estage, quelques petites montees contre les murs en certain endroit, de quelque deux pieds de large, pour monter de leur deuxiesme estage au troisiesme qui seroient en galletas, ausquels il y auroit quelques petites commoditez pour ledit estage: ou bien ne voulant faire ausdits pauillons que deux estages, le deuxiesme se peut faire en voulte lambrissee sur la charpenterie.

Au deuant d'iceluy logis est vne petite terrace entre les deux pauillons, sur la largeur de la saillie d'iceux. Au milieu de laquelle est le pont leuis, par lequel on vient d'iceluy à vne allee fermee seulement d'vn appuy, tant du costé des iardins à fruicts que de l'estang, qu'aussi de la basse court, qui est de trois pieds de haut du costé de l'estang, assis toutefois sur vn mur portant tallut dedans ledit estang.

Pareillement le mur faisant closture de la basse court à l'estang, n'a que trois pieds de haut du costé d'icelle: encores que du costé de l'estang il porte sur vn tallut, comme aussi font les deux costez du iardin.

Ceste allee est à l'entree du pont par le dehors, & est trauersante, ayant quatre toises de large sur sa longueur, au bout de laquelle, du costé de l'estang, y a vne descente par degrez ronds pour descẽdre à l'eauë: de l'autre costé d'icelle est l'entree à la basse court, & au bout de ladite allee entre le logis du metayer & le iardin à fruicts, est vn petit iardin pour ledit metayer, ayant son logis à l'entree de ladite basse court, lequel est accompagné de son fournil, & garderobbe. Sur le costé senestre est l'escurie & estables pour bestes. Au milieu est la grange de dix toises de long, & quatre de large. Au bout, & sur la fin de la court est vn corps de logis de pareille longueur & largeur que la maison du metayer, & ce pour respondre à la symmetrie du lieu. Iceluy corps seruira de pressoir, foullerie, & vince, auprès duquel sera le colombier.

Le iardin principal a vingt & six toises en quarré: és quatre encogneures d'iceluy, quatre petites tourelles de sept à huict pieds de large, en aucunes desquelles se pourra faire quelque grotte, aux autres quelques petites gentillesses, comme fontaines, cabinets, ou ce que bon semblera. On va à iceluy iardin par la basse court, ou bien par vne petite poterne, qui est derriere le logis du Seigneur.

Sur le derriere, en la longueur du iardin de la basse court, & de l'estang, sont desseignees quelques allees prinses dans des prez, outre lesquelles sont vignes.

Au deuant de l'entree du logis est vne allee droitte, close de muraille de cinq toises de large sur telle longueur qu'il semblera bon, aux costez de laquelle sont deux iardins à fruicts.

Toutes les murailles & clostures, tant du iardin, de la basse court, du tallut, estables, granges, que les quatre petites tours du iardin, le tout de ce reuient à sept cens toises de muraille, les vnes fortes, les autres foibles.

La maçonnerie de tout le corps de logis du Seigneur (prenant deux toises au dessous du cordon, iusques au fond) reuient à trois cens soixante toises.

Le carrelage des deux estages, auec la petite terrace sur le deuant, reuient à cent toises.

La couuerture, tãt du corps que des quatre petits pauillõs, reuiẽt à cent dix toises.
En tout le logis sont seulement sept cheminees.
Six croisees au grand corps.
Audit grand corps six lucarnes.
Huict fenestres bastardes aux quatre petits pauillons.
Quatre petites fenestres en lucarnes aux quatre petits pauillons.
Trois trauees pour le corps au premier estage, auec vne poultre.

Liure d'architecture

Huit petites trauees aux quatre petits pauillons.
Le comble du corps de logis.
Les combles des petits pauillons.
La couuerture des quatre petites tourelles du iardin, reuient à vingt huit toises.
La couuerture du colombier, & les deux corps de la grange, & de toutes les estables, reuient à deux cents soixante & dix toises.
Il y a quarante huisseries en tout le logis.

X.

CE bastiment est assis en vne place en forme de paralelograme, qui est vn quarré plus long que large, & de vingt & deux toises & demie de largeur, sur vingt sept & demie de profondeur, qui fait en nombre six cents dix-huit toises & demie vn quart en superficie, qui est demi arpent cinq perches & demie de terre, ou enuiron. Ceste place est vn terraut fossoyé de tous costez, fermé d'vne haye, ayant le tallut de terre contre icelle. Es quatre coings sont quatre petits flancs pour battre le long des courtines, & hayes.

Le bastiment est composé de quatre corps de logis, la court au milieu, laquelle sert partie de basse court, & partie d'vne terrace éleuee ioignant le corps, qui est en face de l'entree, & le logis du Seigneur. Iceluy corps a quatre toises de largeur & seize de longueur hors œuure. La court a dix toises deux pieds de largeur, & vnze & demie de profondeur, comprenant la terrace de la court: faut monter six ou sept degrez pour monter à ladicte terrace, de laquelle on va au logis du Seigneur.

Le corps de deuant est accómodé d'vne grange d'vn costé, & de l'autre de pressoir & vince. L'entree du lieu est entre les deux, sur laquelle est éleué le colombier. Le pontleuis est assis sur deux pilles de muraille au bout du terraut, sur le deuant. Ledit terraut regne à l'entour du bastiment, ayant iceluy de largeur trois toises, & fermé de la haye susditte.

Les deux corps de logis de la court, le dextre & senestre sont accommodez d'escuries, auec quatre autres petites estables, lesquelles s'appliqueront pour le seruice de la basse court: plus de deux montees, vne de chacun costé, ayant chacune son priué derriere, dont d'icelles faut monter de chacun costé pour aller és greniers estants sur les estables. Au contraire faut descendre quelques degrez pour aller au priué. Le reste des deux corps ioignants aux deux bouts seruent de commoditez pour le logis du Seigneur.

Le grand corps principal est accommodé d'vne salle, d'vne garderobbe, & cabinet, auec deux chambres, deux garderobbes, & vne montee. Les deux garderobbes sont prinses dans les corps du dextre & senestre, comme il est cy deuant dit, iusques à l'aduancement de la terrace, qui est de seize pieds.

Au dessus est le galletas garni de pareils membres de commoditez. De chacune garderobbe se peut prattiquer l'aisance d'vn priué, faisant monter du bas vn conduit de chacun costé, iusques à la hauteur desdittes garderobbes.

I'ay fait la couuerture de touts les corps de ce logis en pignons & sans crouppe, excepté les deux garderobbes qui sont couuertes en pauillon.

Sous le logis du Seigneur, & sous les deux garderobbes se fera l'estage des offices, auquel on descendra tant par le degré du corps du Seigneur, que par les degrez de la basse court, comme i'en ay desseigné quelques vns descendants de ligne droitte, lesquels continuerõt iusques au bas des offices, desquelles i'ay fait vn plan à part au dessus du desseing, auquel est comprins sous le corps du bastiment du Seigneur, la caue & deux caueaux. Ioignant l'vn des caueaux à dextre sera la cuisine & son gardemanger: ioignant l'autre à senestre est le fournil, auec vne place comprinse dessous le corps de la garderobbe, pour seruir de bluterie.

La

Pour les champs.

La caue & caueaux se voulteront: mais la cuisine & fournil, auec les places prochaines ne seront point voultees, ains planchees qui voudra, & comme mesme i'en ay fait le calcul.

Tout le bastiment reuient à cinq cents quatre vingts toises de muraille.

Les voultes des caues & caueaux à trente toises.

Le carrelage de tout le logis à cent quarante toises: non comprins la terrace, laquelle se pauera, & n'en fay point de calcul.

Sept lucarnes & six petites en ouale.

Sept croisees auec quatre demies pour le logis du Seigneur, & vingt, tant fenestres bastardes, que petites lucarnes, pour la basse court.

Dixsept trauees grandes que petites, sans les combles du galletas.

Six poultres pour les deux estages bas.

Deux cents soixante & dix toises de couuerture, comprins le colombier.

Huit cheminees pour les trois estages.

Trente huisseries pour le logis du Seigneur, grandes que petites, & dix pour la basse court.

XI.

CE bastiment est assis dans vn quadrangle de trente & vne toise de largeur, sur vingt & huit de profondeur, qui font huit cents soixāte & huit toises de superficie, qui sont trois quartiers, trois cordes de terre, ou enuiron: non comprins les quatre forts saillants dans le fossé de deux toises de chacun costé.

Le bastiment est construit de quatre corps de logis fermans la court, laquelle a dixhuit toises & demie de largeur, sur douze & demie de profondeur. Es quatre coings du bastiment, sont quatre tours saillantes outre le corps de deux toises, qui est le diametre du dedans de chacune d'icelles tours. A l'entour du logis est vn terraut, ou terrace de trois toises de large, ou enuiron: sur le bord duquel est vne haye de trois ou quatre pieds de large, assise sur la scime du tallut, lequel est de terre.

Le premier corps de ce bastiment, faisant la face du deuant, est ordonné de deux pauillons, & vne gallerie entre deux. Au milieu d'icelle est l'entree. Icelle gallerie est à arcades & voultee: au dessus est vne terrace. Chacun d'iceux pauillons (qui sont deux corps de logis) est éleué de deux estages, & le galletas dessus: au dessous par bas ce sont celiers.

Le grand corps principal est pareillement éleué de deux estages, & le galletas dessus: au dessous par bas ce sont offices.

Les deux corps estāts à dextre & à senestre de la court, ont chacun de largeur deux toises dans œuure seulement, éleuez du rez de la court d'vn estage, & le galletas dessus: l'vn seruant de gallerie planchee à arcades par le deuant sur la court: au dessus d'icelle est vne gallerie en galletas, auec lucarnes: l'autre corps opposite est de pareille largeur, & hauteur, dans lequel se peut prendre quelques commoditez necessaires pour vn logis: sous iceux deux corps n'est besoing y faire offices, ains ce seront caues.

Tous les corps dudit logis sont accommodez de membres desseignez sur le plan. Es deux angles de la court faisants l'esquierre du logis principal, & des petits logis, sont deux escalliers accommodants tant le grand logis que les petits.

Pour le regard des courtines & forts, assis és encoigneures, i'enten que ce ne soient que terraux, ne pareillemēt les forts, aux bouts desquels se peut faire vne haye forte de trois ou quatre pieds d'espesseur, laquelle estant plantee, en peu de temps les iettons d'icelle se pourront lier & entrelacer les vns dans les autres auec aide: de sorte qu'en trois ou quatre ans se fera vne haye, ou espallier aussi fort que muraille, & regnera cet

Liure d'architecture

eſpallier par toutes les courtines, & à l'entour des forts: Et faut laiſſer éleuer la haye, ou eſpallier de quatre ou cinq pieds de haut, & au trauers y faire & prattiquer quelques petites canonnieres pour deſcouurir au long des courtines. I'ay fait & declaré ceſte maniere, pour ceux qui n'ont la volonté ou pouuoir de faire les frais qu'il conuient pour faire les cloſtures & defences de maçonnerie.

La maçonnerie de tout ce baſtiment, prenant vne toiſe de fondement ſous les caues & offices, reuient à dix ſept cents cinquante toiſes.

Les voultes ſous le grand corps ſeruants d'offices, auec les voultes des tours & des deux caues, reuiennent à huit vingts dix toiſes.

Le carrelage de tous les eſtages dudit logis, reuiét à quatre cés quatre vints toiſes.

Il y a en tout le logis vingt & ſix cheminees.

La couuerture, tant du grand corps que des quatre tours & des deux pauillons de deuat, & pareillement des deux petits corps des deux coſtez de la court, le tout reuiét à trois cents ſoixante & dix toiſes.

Au grand corps de logis de derriere, au premier eſtage ſont treize croiſees, & au deuxieſme quatorze.

Quatorze lucarnes au galletas.

Plus aux deux pauillons de deuant, à chacun premier eſtage, ſont huit feneſtres, au deuxieſme eſtage autant, auec deux moyennes pour les deux montees, auſſi huit petites lucarnes pour leur galletas, & deux autres pour les montees.

Auſſi quelque trente petites feneſtres, tant és deux petits corps qu'és tours, dont aucunes ſont en petites lucarnes.

Pour le regard des trauees, il y en a vnze à chacun eſtage du grand corps de derriere, auec cinq poultres, qui ſont vingt & deux trauees & dix poultres, ſans les côbles.

Les deux pauillons ſur le deuant, ont chacun deux eſtages ſans les combles, & celiers au deſſous. Et à chacun deſdits eſtages trois trauees & vne poultre, qui eſt pour chacun pauillon deux poultres & ſix trauees: & pour les deux enſemble, quatre poultres & douze trauees.

Les deux petits corps n'auront qu'vne trauee, chacune deſquelles regnera depuis les pauillons de deuant iuſques aux corps de derriere, & leur comble deſſus.

A chacune des quatre tours y aura trois eſtages, à chacun d'iceux deux trauees, qui ſeront pour les quatre, huit trauees, auec les doſmes deſſus.

Au premier eſtage de tous les quatre corps & tours, y aura trête & deux huiſſeries, au deuxieſme, vingt & neuf, & au galletas vingt & deux, & vingt aux offices, caues, & celiers, qui ſeront en nombre cent trois, ou enuiron.

XII.

CESTE place eſt vn quarré parallelograme, de vingt & deux toiſes de largeur, ſur dix ſept de profondeur, qui font trois cents ſoixante & quatorze toiſes en ſuperficie, qui eſt vn tiers d'arpent & vn quart de corde ou enuiron. Es quatre coings d'icelle place, ſe feront quatre tours ou caſemattes quarrees, voultees, ſaillátes d'vne toiſe dans le foſſé. Ces tours, outre ce qu'elles rédent le lieu fort, ſeruirôt de beaucoup de cômoditez pour le logis, & ſe pourront couurir ſur leurs voultes de pierre ou bricque large, liee en forme de doſme, pour mieux repreſenter force. Au milieu de la courtine de deuât ſera vne baſcule ſeruât de pôt-leuis.

Le baſtiment aura trois eſtages: le premier eſt au rez de terre, lequel ſeruira à offices & caues. Du rez de terre on monte par vn perron des deux coſtez, pour aller à vn pallier ou place, laquelle ſert pour l'eſcallier, & pour les cômoditez de l'eſtage. A coſté ſeneſtre d'iceluy eſcallier, eſt la ſalle de vingt & quatre pieds de large ſur quaráte de long, accômodee d'vn grand cabinet, eſtant derriere l'eſcallier. Pareillemét d'vne garderobbe auec vn autre petit cabinet, & vne petite place prinſe dás vn petit pauil-

Pour les champs.

lon, qui est au coing du corps du logis. Sur le derriere de l'autre costé droit de l'escallier y a vne chambre de vingt & quatre pieds en quarré, auec sa garderobbe de dixhuit pieds de long, & quinze pieds de large, & deux petites places pareilles aux susdittes, estants dedans l'autre pauillon, qui est à l'autre coing dudit corps de logis, & pareil au precedent: esquelles places on y va de la chambre par vne petite allee, separant la garderobbe d'icelles, dont la petite pourra seruir de priué, d'autant qu'elle est prochaine de la garderobbe.

Le troisiesme estage est vn galletas de pareilles commoditez, si on ne veut faire seruir la salle, de chambre & garderobbe, par le moyen de quelques cloisons.

L'escallier regnera vn estage au dessus le galletas, auquel & pareillement à la place prochaine sur le deuant, demeurera vne place qui pourra seruir à retirer les armes, ou bien en faire vne estude.

A l'entour d'iceluy logis est vne terrace en maniere de court, de quatre toises de large ou enuiron par endroits, comme se void par le dessein du plan.

Les quatre tours, ou places quarrees, auec les courtines, ayans deux toises & demie d'éleuation de leur fondement, reuiennent à trois cens soixante & dix toises.

La maçonnerie de tout le bastiment, à compter six toises de hauteur du pied du fondement iusques au dessus de l'entablement, reuient à cinq cens trente toises.

Voultant le premier estage partout, les voultes reuiendront à cent toises.

Le carrelage de chacun plancher, reuient à soixáte & dix toises, dont il y en a trois, à sçauoir le premier qui sert à offices, le deuxiesme & le galletas dessus, seroit pour les trois, deux cens dix toises.

La couuerture de tout le logis, auec les deux pauillons de derriere, reuient à sept vingts toises.

Les cheminees, à compter deux pour le premier estage où sont les offices, quatre au deuxiesme estage, & deux au galletas, sont huit cheminees pour tout le logis.

Au premier estage où sont les offices, y a neuf fenestres bastardes, auec quatre demies. Au second estage y a dix croisees auec cinq demies. Au galletas y a neuf lucarnes & vne croisee, auec cinq petits iours, ou petites lucarnes aux pauillons, auec quatre petites lucarnes au grenier.

A chacun estage y a dix huisseries, qui seront trente pour tout le logis.

Pour la charpenterie au deuxiesme estage, y a dix trauees que grandes que petites, auec trois poultres à l'estage du galletas, le grand comble en pauillon, & les deux petits combles des pauillons, auec la couuerture de l'éleuation d'audessus le pallier.

XIII.

CE dessein represente vn bastimét seigneurial, ayant sa basse court sur le deuant, & le iardin sur le derriere, fermé de fossez de tous costez. La place & le contenu, ainsi qu'elle se comporte, a trente & six toises de largeur, & cinquante & cinq de profondeur, qui sont dixneuf cens quatre vingts toises, qui valent vn arpent trois quartiers, trois cordes, quelque peu plus.

L'entree de ce lieu est par la basse court, au dessus de laquelle est le colombier. Au costé senestre d'icelle est la maison du metayer, grange, & estables à bestail. Du costé senestre sont écuries, pressoir, & vince, auec autres commoditez.

De l'entree d'icelle basse court on monte comme par vn escallier droit, l'entree duquel est dessus vne caue close d'vn mur d'appuy de trois pieds de haut en forme oual, & d'iceluy on vient à vne terrace estant au deuant du logis, & contenant en longueur la largeur d'iceluy, éleuee de neuf ou dix pieds de terre.

D'icelle terrace on entre au logis seigneurial, lequel n'a qu'vn estage du rez d'icelle en éleuarion, & son galletas dessus. Air rez de terre de la court, iusques à la hauteur de la terrace, se peut faire l'estage des offices & caues : de la commodité de l'estage vous le verrez par le deſſeing du plan. Outre le corps du baſtiment ſur le derriere du coſté du iardin regne vne terrace, de laquelle on deſcend de l'eſtage en iceluy par degrez faits en demie circonference. D'icelle terrace on va à deux petits pauillons, eſtans és deux coings de la baſſe court aſſis ſur le foſſé, leſquels ont leur regard, tant ſur la baſſe court, iardin, que de tous coſtez à l'enuiron. Ladite terrace a pareil regard.

Sur le derriere de la ligne trauerſante du iardin, eſt vn petit pauillon ouuert à pillaſtres: le reſte cognoiſtrez par les deſſeings, tant du plan du baſtiment, que du plan general, qu'auſſi de celuy de l'éleuation de tout le contenu.

La maçonnerie de la cloſture du lieu, tant de la court que du iardin (la prenant du pied du fondement iuſques au deſſus du chapperon du mur, qui fait la cloſture) a trois toiſes, & reuient à ſix cens vingt toiſes, dont vne partie de la hauteur ſeruira pour les commoditez de la baſſe court.

Le reſte de la maçonnerie des commoditez de la baſſe court, reuient à quatre cens trente toiſes.

La maçonnerie tant du logis du Seigneur auec la terrace qui regne des deux coſtez, qu'auſſi des petits pauillons, reuient à ſept cens cinquante toiſes.

Le carrelage des trois eſtages, & celuy de la maiſon du metayer, reuiét à deux cents quatre vingts toiſes.

La couuerture du logis du Seigneur, & des trois pauillons, reuient à deux cents dix toiſes.

La couuerture de toute la baſſe court, reuient à trois cents ſoixante & dix toiſes.

Il y a douze croiſees & deux demies.

Plus douze lucarnes & deux demies, & huit feneſtres baſtardes pour l'eſtage des offices.

Plus dix cheminees, & vne à la maiſon du metayer.

Plus douze poultres & vingt traues.

Plus les combles, tant du logis du Seigneur, que ceux de la baſſe court.

Plus vingt cinq huiſſeries pour le logis du Seigneur, & dixhuit pour la baſſe court.

XIIII.

Ce deſſeing demonſtre vne maſſe de baſtiment de ſeize toiſes & demie de largeur, ſur huit de profondeur, qui eſt en nombre cent trente & deux toiſes en ſuperficie, qui valent demi quartier de terre, il s'en faut demi-corde, quelque peu moins, non compté les ſaillies des pauillons eſtants és quatre coings.

Ce baſtiment a deux eſtages, & le galletas deſſus. Sur la maſſe du corps, au deſſus du galletas, eſt vn grenier de la longueur & largeur que rient la ſcime du galletas.

Le premier eſtage eſt au rez de terre, & ſeruira à offices, & eſt voulté comme le plan de ſon deſſeing le demonſtre. Il y a vn paſſage au milieu, par lequel on ira de la court qui ſera ſur le deuant, au iardin, qui doit eſtre ſur le derriere. De l'vn des coſtez d'icelle ſera vne caue, de l'autre coſté ſeront caueaux: tout le reſte ſont commoditez neceſſaires à offices, comme apparoiſt par ledit plan.

Le ſecond eſtage eſt accommodé de membres manables, dont au deſſus des allee, caue, & caueaux, eſt vne ſalle contenant en longueur la largeur de la maſſe du corps, ayant deux croiſees pour veüe ſur la court, & deux autres ſur le iardin. Tout le reſte eſt accommodé de membres neceſſaires des deux coſtez de laditte ſalle.

L'eſtage du galletas ſera de tels membres, que le ſecond eſtage, qui eſt au deſſous d'iceluy: Sur lequel ſera vn grenier de la longueur & largeur que portera le comble dudit galletas.

Toute la maçonnerie du baſtiment, ayant ſix toiſes du pied du fondement iuſques au deſſus de l'entablement, qui ſera ſept pieds & demy de fondement, compté pareillement

Pour les champs.

lement touts refans, ou entre-deux, le tout reuient à six cents toifes.

Les voultes des offices reuiennent à fix vingts dix toifes.

Le carrelage des trois eftages, fans celuy du grenier, que ie ne compte point, reuient à deux cents foixante toifes.

Les couuertures, tant de toute la maffe, que des pauillons aux quatre coings, ainfi qu'ils fe comportent, reuiennent à deux cents quarante toifes.

Au deuxiefme eftage y a vingt & deux trauees, & vnze poultres, tant grandes que petites.

Au galletas autant, felon l'ordre du comble, dont le grenier eft prins dedans.

Il y a quatorze cheminees pour les trois eftages.

Il y a au premier & fecond eftage trente & huit croifees pour le grand corps, dont il y en a quatre fermees à demi pour les efcalliers, & quatre demies pour les deux petits pauillons fur le cofté de la court.

Plus dixhuit lucarnes en croifees pour le grād corps, & deux petites feneftres pour les deux efcalliers, & quatre demies lucarnes pour les deux pauillōs du cofté de la court, auec autres petites feneftres pour le grenier, lefquelles fe feront de charpenterie.

Plus enuiron cinquante huifferies pour touts eftages.

XV.

CE deffeing monftre vne maffe de baftiment fermee d'eauë de tous coftez, à laquelle il n'y a point de court, excepté que du pont on entre en vne terrace, au front de laquelle eft vn efcallier feruant aux eftages. Ce baftiment n'a qu'vn eftage, & le galletas deffus, fi ce n'eftoit qu'on vouluft faire vn eftage bas dans l'éleuation du tallut, & le voulter, & en iceluy faire les offices & caues: toutefois ie ne l'ay fpecifié ne calculé. Et ne faifant point d'eftage bas pour icelles offices faudroit que l'vne des chambres & garderobbes, qui font en l'vn des coftez, feruift de cuifine & gardemanger, & s'accommoder du refte en logis.

Tout le contenu de ce baftiment, reuient à cent quatre vingt dix toifes de fuperficie, qui valent demi tiers d'arpent & demi corde, quelque peu moins.

Ce baftiment en fon premier eftage eft accommodé d'vne falle, ayant huit toifes de longueur fur quatre de largeur. Des deux coftez d'icelle font deux petites chambres, chacune de feize pieds de long fur treize & demi de large, fçauoir eft, vne de chacun cofté. Plus és angles d'icelle falle, y a deux places de dix pieds de lōg fur fept pieds & demi de large, l'vne pour vn cabinet, l'autre pour ferrer le linge & vaiffelle d'argent. Plus és deux coftez de l'efcallier, font deux châbres, l'vne à dextre, l'autre à feneftre d'iceluy, chacune de vingt & deux pieds & demi en quarré, garnies de leurs garderobbes, de feize pieds de long fur treize pieds de large. Dōt d'vn des coftez fe pourra faire cuifine & gardemanger, comme i'ay dit cy deffus. Et fe trouueroit iceluy premier eftage garni de cuifine, gardemanger, falle, garde-nappe, cabinet, trois chambres, & vne garderobbe.

Le deuxiefme eftage, lequel eft deffeigné en galletas, fera accommodé de pareils membres. Si la volonté du Seigneur eft de faire au deffus de la falle deux bonnes chambres, par le moyē de quelques cloifons, chacune d'icelles auroit quatre toifes en quarré, garnies de garderobbes, qui feroient prinfes dans les petites chambres fufdittes, ioignant la falle, auec auffi chacune fon cabinet, qui feroient les deux places eftants és angles de la falle. Outre cedit eftage de galletas, auroient encor les deux chambres eftants aux coftez de l'efcallier, chacune fa garderobbe : De forte qu'en cet eftage de galletas fe trouueroit quatre chambres, quatre garderobbes, & deux cabinets.

Pour le regard des greniers, & autres chofes neceffaires, cela fe retireroit à la baffe court. Et pour ce que les volontez des hommes font diuerfes, les vns voulāt auoir en

Liure d'architecture

veulent auoir le lieu où ils font leur demeure exempt de toutes autres choses, & que le tout ne serue qu'à estre logeable, renuoyant le reste à la basse court. A ceste occasion i'ay voulu amener en ce present liure de toutes sortes de bastimēts pour contenter vn chacun.

Le tallut regnant au tour de ce bastiment, ayant depuis son fondement iusques au cordon seulement deux toises, reuient à huit vingts toises.

Toute la maçonnerie, reuient à trois cents cinquante toises.

Toute la couuerture, reuient à deux cents dix toises.

Le carrelage des deux estages, reuient à neuf vingts toises.

A chacun estage il y a sept cheminees, qui sont quatorze pour les deux: mais voulant faire au galletas sur la salle deux chambres, il faudra vne cheminee d'auātage, qui seroit quinze.

Il y a au premier estage quinze traues grandes que petites, & six poultres.

Plus les combles.

Il y a au premier estage douze croisees, auec dix fenestres bastardes.

Plus douze lucarnes au galletas, & dix petites.

Il y a pour tout le logis vingt & cinq huisseries.

XVI.

CE bastiment est assis dans vn quarré paralelograme, de vingt & neuf toises en largeur, & treize en profondeur, qui font trois cents soixante & dixsept toises en superficie, qui valent vn tiers de terre, demi corde, ou enuirō, non comprins les saillies des petits forts des coings, ne la saillie de la demie circonference, qui est sur le deuant où est l'entree & pont-leuis, ni pareillement la saillie de la terrace par l'endroit de l'escallier sur le derriere, entre les deux forts.

En ce bastiment sont trois corps de logis joints l'vn à l'autre: celuy de derriere est le plus grand, lequel a vingt & deux toises en longueur par le dehors, & quatre de largeur dans œuure. Au milieu duquel est l'escallier, saillant sur le derriere dans la terrace, laquelle regne en tour le logis.

Les deux autres corps de logis ont chacun huit toises en longueur par dehors, & trois & demie dans œuure: Entre lesquelles, & au milieu est vne court en maniere de terrace de huit toises & demie de long, sur la profondeur de vingt & quatre pieds.

Vn chacū d'iceux corps a deux estages, & le galletas dessus: au dessous d'iceux sont les offices accommodez comme le desseing le figure.

Les deux estages & galletas au dessus du rez de terre, sont accommodez de membres, comme vous pourrez veoir par le plan: Toutefois si bon semble, au second estage se peut faire au dessus de la salle deux chambres, & ce par le moyen des cloisons y appliquees.

Tout le circuit, auec les quatre petits forts, ayants trois toises depuis la fondation iusques au cordon, & au dessus trois pieds d'appuy, reuiēt à trois cents soixante toises.

Tout le bastiment contient (comprins l'estage des offices & vne toise de fondation au dessous) huit cents quatre toises.

Les voultes des offices, reuiennent à neuf vingts toises.

Le carrelage des trois estages, reuient à trois cents trente toises, non comprins l'estage des offices.

La couuerture de touts les logis, reuient à trois cents toises.

Vingt cheminees, six à chacun estage, & deux aux offices.

Cinquante quatre croisees.

Vingt & huit lucarnes.

Trente traues que grandes que petites, & quatorze poultres.

Pour les champs.

Cinquante & cinq huisseries, tant pour les estages que pour les offices.

XVII.

CE bastiment est vne masse de trois corps de logis ioints ensemble, assauoir vn au milieu, & deux autres fermants & ioignants les deux bouts d'iceluy, lequel a de longueur vingt & vne toise, & vingt & cinq pieds de largeur, non comprins les terraces & escalliers, ioignants iceluy des deux costez. Les deux corps des bouts susdits, vn chacun d'iceux se diuise en trois, vn au milieu, & vn à chacun de ses bouts, qui le ferment, & se couuriront en pauillons : Et ont les trois ensemble dixhuit toises de long sur la largeur de cinq, hors œuure, & sans les saillies des deux costez, faittes en pauillon.

Le grand corps du milieu est vne gallerie à arcades, laquelle de bout à autre se va rendre aux bastiments estants à ses deux bouts, & est icelle gallerie éleuée de terre de sept ou huit pieds. Deuant & derriere icelle, sont deux terraces de deux toises de large, chacune éleuée de la hauteur susditte : & pour y aller faut monter par quatre montees de degrez droits, deux de chacun costé. Lesquels degrez se vont rendre à quatre escalliers estants és quatre angles de la gallerie, & des corps ioignants à icelle. Iceux escalliers seruants pour aller aux estages des corps susdits, & aussi à l'estage haut de la gallerie, qui est vne autre gallerie faitte en galletas.

Pour le regard des logis, és bouts de la gallerie, ils excedent en hauteur ladite gallerie d'vn estage, & sont iceux corps accomplis de commoditez, comme le monstrent, tant le plan du premier estage, qui est deux ou trois pieds plus bas que le rez de terre, que le deuxiesme plan, auquel se voient les commoditez manables : auec ce le desseing de l'éleuation vous monstrera & donnera à entendre le demeurant.

La maçonnerie de tout le contenu, reuient à dix neuf cents toises.

Les voultes, tant de toutes les offices & caues, que de la gallerie, reuiennent à quatre cents soixante toises.

Le carrelage de tous les planchers, reuient à six cents cinquante & vne toise.

La couuerture de tous les combles, reuient à six cents soixante toises.

Vingt & deux croisees à chacun estage, qui sont pour les deux estages, quarante & quatre.

Douze demies croisees à chacun estage, qui sont pour les deux vingt & quatre.

Vingt & deux grandes lucarnes au galletas, douze petites, & quatorze moyennes pour la gallerie.

Vingt & huit trauees à chacun estage, qui sont cinquante & six pour les deux estages, & quatorze combles.

Plus vingt & quatre poultres pour les deux estages.

Plus la gallerie, neuf trauees de comble.

Vingt & six cheminees pour tous estages.

Quatre vingts huisseries pour tout.

XVIII.

CE bastiment est vne petite masse de quatorze toises de largeur, sur neuf de profondeur, sans la saillie du perron.

Iceluy bastiment a trois estages, & le grenier dessus.

Le premier estage est au rez de terre, lequel faudra accommoder d'vn costé, d'vne cuisine & gardemanger, & de l'autre costé d'vn fournil : le reste seront caues, ou celiers.

Du rez de terre on montera par les deux costez du perron, lequel tient vne demie circonference : & du perron on vient à vne terrace faisant la circonference entiere : Et d'icelle terrace on va aux commoditez, tant de la salle, de l'escallier, qu'aux chambres estants en ce second estage.

De l'escallier, qui est entre la terrace ronde & les logis, on mõte au troisiesme estage, lequel est accommodé de pareils membres que le dessous: au dessus d'iceluy est le galletas, comme nous auons dit cy deuant.

Toute la maçonnerie de ce bastiment, à prendre huit toises du fondement iusques au dessus de l'entablement, reuient à cinq cents quarante toises.

Le carrelage de tous les estages, excepté la caue, reuient à deux cents quarante toises, non compté la terrace ronde, laquelle se pauera.

Les couuertures de touts les combles, reuiennent à sept vingts dix toises.

Il y a neuf cheminees pour tous les estages.

Plus dixsept grandes fenestres, dont les chassis feront les mesneaux, auec six demies: toutefois de la mesme hauteur.

Plus quatre bastardes, & quatre demies pour la cuisine, le fournil, & leurs commoditez.

Plus trois grandes lucarnes & quatre petites, & les rõds du dedans des frontispices.

Plus vingt & deux traueures pour touts estages, auec dix poultres, sans les greniers ou galletas, ausquels il faudra dixtraueures, dont y en aura neuf en comble.

Plus vingt & quatre huisseries pour touts estages.

XIX.

CE desseing demonstre vn bastiment fermé de doubles clostures & canaux, ayant son iardin de toutes parts à l'enuiron.

Entour iceluy logis, sur les quatre costez regne vne terrace, és quatre coings d'icelle sont quatre petits forts, le fossé circuit la terrace de toutes parts: Outre le fossé est le iardin, lequel est pareillement fermé d'vn autre fossé: iceluy iardin a de largeur soixante & seize toises, & soixante & deux de profondeur, qui font quatre mil sept cents douze toises, qui valent quatre arpents vn quartier de terre, moins vne corde, ou enuiron.

Ce lieu est accompagné de sa basse court, laquelle est sur le deuant, & faut passer au trauers & milieu d'icelle (pour venir au logis du Seigneur) par vne allee de neuf toises de large, separant icelle basse court en deux. A l'vne, au costé dextre, y est la maison du metayer, la grange, & estables à bestail, aussi le colombier. De l'autre costé senestre, y est le pressoir & vinee, auec estables pour cheuaux, le tout fermé & clos de canaux. A dextre & senestre d'icelles places, sont iardins à fruits. Deuant qu'entrer à la basse court, faut passer par vne grande allee au trauers du parc de dixhuit toises de large. Sur le costé du iardin, outre le grand fossé, sont prez diuisez par canaux & allees, dont celuy de derriere le iardin va respondre à vn estang, comme apparoist par le desseing du plan general.

Pour le regard du bastiment, il consiste en vne salle de quatre toises de largeur, sur huit de lõgueur, garnie d'vn cabinet & d'vne place à serrer le linge. Icelle salle n'a qu'vn estage & le galletas dessus. A chacun costé d'icelle salle y a deux chambres, chacune sa garderobbe & son priué. Au dessus est encor vn pareil estage accõmodé de tels membres. Sur iceux estages est vn galletas, ou grenier.

Entre icelles chambres, de chacun costé est vne allee d'vne toise de large venant de la salle, par laquelle on va à vne petite terrace, estant en saillie du costé du bastiment. Aussi d'icelle allee on va és chambres.

De l'vn des costez au premier estage, on fera seruir l'vne des chambres & garderobbes à vne cuisine & gardemãger. Il s'y trouuera encor assez de membres sans y faire stages d'offices. Il faudra faire au dessous du premier estage, quelques caues & celiers. Sur le deuant & derriere de la salle, sont deux terraces fermees des deux costez de la saillie des chambres, outre la salle. Ce bastiment est garni de deux escalliers pour la commodité des chambres.

La maçonnerie du bastiment du Seigneur, reuient à huict cens cinquante toises.

La closture du iardin, à prendre deux toises du fondement iusques au dessus de l'appuy, (non compté la contrescarpe qui se fera de terre) reuient à deux cens soixante & quinze toises.

Le carrelage reuient à deux cens soixante toises.

La couuerture reuient à deux cens quarante toises.

Dix cheminees pour les deux estages.

Vingt & vne trauee pour le premier estage, & seize pour le deuxiesme, auec douze poultres pour les deux estages.

Plus les combles.

Treize croisees au premier estage, & huict demies pour les quatre petits pauillons des coings : & au deuxiesme estage huict, & huict demies, & quatre bastardes.

Dixsept lucarnes, grandes que petites.

Plus cinquante huisseries.

Pour le regard de la basse court, ie n'en fay nul calcul, le laissant à volonté, & aussi qu'és desseings precedens en auez veu de plusieurs sortes.

XX.

CE desseing demonstre vne place de cinquante & huit toises en quarré, qui font trois mil trois cens soixante & quatre toises de superficie, reuenant à trois arpens trois perches de terre, quelque peu moins, sans la saillie des rauelins & entrees.

Pour le regard du bastiment, il est en forme d'vne circonference de trente toises de diamettre par le dehors : Au milieu & centre de laquelle est la cour de pareille forme de seize toises & demie de diamettre, entour laquelle, dans le corps du bastiment, est vne gallerie voultee de vingt pieds de large, circuye d'escalliers du costé de dehors, lesquels ont de large dix pieds.

Entour & hors iceluy corps circulaire, sont desseignez quatre corps de logis, separez les vns des autres, qui font qu'és angles par le dehors y sont comprins quatre iardins respondants aux coings de la place : chacun iardin est de douze toises en quarré.

Ces corps de logis sont éleuez de deux estages, & le galletas dessus.

Vn chacun pour son regard, fait monstre de trois corps, à cause des deux separez, faisans saillie & hauteur de deux estages, outre celuy du milieu, sur lequel au second estage sont prattiquez quelques petits iardins en maniere de terrace.

Ceste place a ses quatre entrees aux quatre corps de logis, à chacun desquels y a deux estages & le comble dessus. Le premiert sert d'entree & passage, pour aller d'iceluy par dessous vne terrace, portee par arcs au logis : & au second estage, on y va par la terrace d'audessus des arcs, où sont prattiquez les petits iardins.

Par dedans le premier estage du grand corps en circonference, est la gallerie voultee : & le second estage au dessus est pareillemét vne gallerie voultee & à fenestres, sur laquelle est vne terrace regnant autour de la circonference, de laquelle on va aux galletas des quatre corps ioignants. Ie ne vous fay point de narré des commoditez des membres d'vn chacun corps, pour autant que le desseing du plan vous donnera plaine intelligence d'icelles, lesquelles se peuuent faire pareilles, tant au second estage qu'au premier.

Pour le regard du galletas, ie n'y ay point figuré de lucarnes, ayant laissé cela à volonté, ny pareillement fait estat des offices, lesquelles se peuuent prendre & faire au bas du bastiment, dans la hauteur des talluts.

Ce desseing est plus par curiosité, que par esperance d'estre suyui : mais sous ombre de cinq ou six bastiments estranges qui sont en ce volume, cela resueillera aucuns esprits à en composer d'autres sortes à leur plaisir.

Les quatre rauelins & courtines, ayant du pied du fondement iusques au cordon, quatre toises, reuiennent à douze cens quatre vingts toises.

Le contenu de ce bastiment, comprenant tous les corps, reuient à six mil quatre cens toises.

Le carrelage de tous les estages de tous les corps de ce bastiment, reuient à seize cens cinquante toises.

Au premier estage de tous les corps, excepté celuy en circonference, y a quarante croisees : & au deuxiesme quarante quatre, auec huict demies : & au corps en circonference, il y en a seize par le dedans sur la court, & douze par le dehors.

Plus seize lucarnes basses.

A chacun estage y a vingt & quatre cheminees, qui seroient quarante & huit pour les deux estages : & voulant accommoder le galletas de membres, faudroit y adiouster autres vingt & quatre.

Aux deux estages de tous les corps y a cent douze huisseries, ou enuiron, non compté ceux du galletas.

Il y a à chacun estage du grand corps vingt & quatre trauees, qui sont quarante & huict pour les deux estages. Le reste est voulté à cause des iardins qui sont dessus. Plus vingt & quatre trauees en comble.

Plus douze trauees aux quatre corps où sont les pont-leuis : & seront icelles trauees au deuxiesme estage, à cause que le premier sera voulté, & autât de trauees en comble.

XXI.

CE bastiment est vn corps en forme de quadrâgle, de seize toises de largeur, sur huict, moins pied & demy de profondeur, sans les saillies du perron de deuant, & des degrez en demie circonference par le derriere, estant composé de trois corps ioints ensemble, à sçauoir deux opposites l'vn de l'autre, & le troisiesme au milieu enfermé d'iceux. Lesquels sont en maniere de deux pauillons ayans vn chacun quatre estages, & celuy du milieu en a seulement trois.

Le premier estage de ce bastiment, est deux ou trois pieds plus bas que le rez de terre de la court : & auquel on descend de dessous le perron, qui est sur le deuant par le milieu : Et seruira iceluy estage pour offices, desquelles on montera par le perron à descouuert, ou bien à couuert par les deux escalliers, estans és deux costez figurez au plan.

Du rez de la court faut monter sept ou huit pieds par ledit perron, pour venir à vne terrace estant deuant la salle. Et entre les deux escalliers, desquels on va à la salle de chacun costé par les palliers desdits escalliers. En ce corps de logis du milieu est la salle, & au dessus d'icelle n'y a que le galletas, auquel se peut faire telle salle qu'au dessous : ou bien la separant par cloisons y faire chambre, garderobbe, cabinet, & passage.

Les deux autres corps estans en forme de pauillons des deux costez, ont à chacun de leur estage, chambre, & garderobbe, auec l'escallier, & au dessus est le galletas.

Sur le derriere du logis y a vne terrace de la mesme façon que celle de deuât, estant aussi à mesme niueau, seruant pour aller des chambres au iardin par vn perron en forme ronde, estant au milieu de ladite terrace.

I'ay fait icy quelques ordonnances de bastimens legers, sans leurs forts ne basses courts : d'autant que plusieurs voulans bastir, ne veulent pas changer ne toucher à leur basse court, se contentants de quelque petit logis seulement, ayâs leur basse court en leur metayrie : qui est la cause que ie vous en ay desseigné en ce volume de cinq ou six sortes differents, pour vous en seruir selon qu'il vous semblera bon.

Toute la maçonnerie de ce bastiment, reuient à cinq cens quatre vingts dix toises.

Les voultes des offices, reuiennent à quatre vingts dix toises.

Pour les champs.   16

Il suffira, quant à l'estage des offices, de pauer seulement la cuisine, gardemanger, & quelque autre place: Le reste seruira pour commoditez de caues & celiers.

Quarante toises de paué fera le tout pour lesdittes offices.

Le paué des deux terraces, assauoir de celle de deuant, & celle de derriere, reuient chacune à sept toises, qui sont quatorze pour les deux.

Le carrelage de tous les estages, reuient à cent quatre vingts dix toises.

La couuerture de tout le logis, reuient à cent soixante & dix toises.

Il y a neuf cheminees en tout le logis.

Aux deux estages d'audessus les offices, il y a vingt & deux croisees, & huit demies.

Plus au galletas vnze lucarnes, auec treize petites, pour les petits garniers d'audessus.

Plus vnze petits iours pour les offices.

A chacune estage y a neuf trauees, & quatre poultres, qui sont dixhuit trauees & huit poultres, pour les deux estages d'audessus.

Plus les offices & les combles des galletas.

Pour touts les estages, trente & cinq huisseries.

XXII.

CE desseing represente vn corps de bastiment de vingt & vne toise & demie de longueur, sur cinq de large hors œuure, qui font cent sept toises & demie en superficie.

Ce corps contiét trois estages: le premier au rez de terre est dedié à offices, lequel ie desseigne voulté sur son plan: Toutefois il se pourra faire à plancher si bon semble. Au deuxiesme sera vne salle, deux chàbres, garderobbes, cabinets, & autres places, ainsi que le deuxiesme plan le demonstre. Le troisiesme estage estant en galletas se fera de pareilles commoditez que le deuxiesme, sinon qu'au dessus de la salle se pourra faire vne chambre, accompagnee de garderobbe & cabinet, & ce par le moyen de cloisons seulement.

La couuerture de tout ce corps n'est qu'vn gros pauillon, au milieu duquel, & sur le dessus de la salle, se couuriront les aduancements d'icelle, qui sortent des deux costez, en deux demies circonferences, lesquelles se fermeront dedans la couuerture du grand corps, comme les desseings des éleuations, tant de la face de deuant, que de la face de derriere le monstrent.

Toute la maçonnerie de ce bastiment, reuient à six cents toises.

Les voultes du premier estage, reuient à cent dix toises.

Le carrelage des trois planchers, reuient à deux cents trente toises.

Toute la couuerture reuient à deux cents vingt toises.

Il y a quatorze cheminees pour touts les trois estages.

Il y a trète & six croisees pour les deux premiers estages, & quatorze lucarnes pour l'estage du galletas, auec deux croisees, & quatre demies, estants és demies circonferences d'iceluy.

Il y a quinze trauees, grandes que petites, & quatre poultres au deuxiesme estage.

Plus les combles dù galletas reuenant aux trauees d'vn estage.

Il y a pour touts les estages, quarante huisseries, ou enuiron.

XXIII.

CE desseing represente vn corps de bastimèt de vingt & six toises & demie en longueur, sur quatre toises & demie de profondeur hors œuure, & non comprins les saillies des deux pauillons des bouts, ne de celuy du milieu.

Le premier estage est ordonné à offices, lequel il faut voulter, & faut descendre en iceluy du rez de terre, de quelque sept ou huict pieds, tant par le grand escallier, estàt au milieu du corps, que par les deux petites mótees figurees & prinses

Liure d'architecture

és deux pauillons des deux bouts. Par le desseing du plan se cognoissent les commoditez en iceluy pratiquees.

Touts les derniers estages de ce bastimét, tant du corps de logis, que des pauillons sont voultez: Au moyen que i'enten la couuerture d'iceluy en terrace, comme il se void par l'éleuation au dessus du plan. Quant aux commoditez d'iceluy, elles se remarquent aisément par ledit plan.

Il y a trois estages, le premier celuy des offices, qui est en partie dans terre, puis l'estage principal: & au dessus d'iceluy vn autre petit estage bastard. Les pauillons ont vn estage d'auantage.

Ioignant les pauillons des deux bouts, sont desseignez quelques commécements de galleries, lesquelles on peut faire regner des deux costez iusques au corps sur le deuant, dont ie n'en fay icy nulle mention: & la court se trouueroit au milieu, fermee de touts costez.

La hauteur & largeur d'icelles galleries, sont marquees à l'éleuation des pauillons des deux bouts au premier desseing, où la se void & cognoist, tant la premiere gallerie par bas, qu'vne prattiquee au dessus, reuenant icelle au niueau de l'estage d'enhaut, prins au dessous des voultes, & au dessus du plancher de la salle.

L'éleuation figuree au haut, demonstre la face du corps par le dehors du costé des iardins. A la scime de l'escallier se peut faire quelque petit dosme quarré, assis sur la voulte, comme vous voyez que le desseing le monstre.

Toute la maçonnerie de ce corps, reuient à huit cents toises.

Les voultes, tant des offices, que celles d'audessus, reuiennent à deux cents cinquante toises.

Le carrelage des deux planchers, reuient à huit vingts dix toises.

Le terraut des offices, auec les terraces, reuiennent à pareil nombre de huit vingts dix toises.

Il faut pauer celuy des offices, & couurir les terraces de bonne pierre platte, à ioints recouuerts.

La couuerture du petit dosme, reuient à neuf toises.

Il faut pour l'estage d'audessus les offices, douze fenestres, lesquelles ne porteront point de trauers, ni de mesneau. Ils sont seulement de quatre pieds de large sur leur hauteur: les chassis de bois y appliquez feront les mesneaux & trauers.

Il faut dixhuit petites fenestres rondes, prinses au dessous des croisees, desquelles le iour s'escoullera en glassis aux commoditez des offices.

Plus en uiron quarante fenestres bastardes, que quarrees, tant pour le haut des pauillons, que pour les corps d'entre iceux.

Il y a enuiron trente huisseries.

Plus quinze cheminees.

Il n'y aura qu'vn estage, à plácher, auquel il faudra douze trauees & cinq poultres.

XXIIII.

CEste place qui est vn parallelograme, est de quinze toises en largeur, sur dix en profondeur, qui sont cent cinquante toises en superficie.

En icelle place est assis vn corps de logis ayant trois estages: vne grande partie du dessus celuy des offices est en terrace, montant par perrons de l'vne à l'autre, comme il se void au desseing. Les deux autres estages sont employez à membres necessaires pour la commodité du logis.

En premier lieu donc faut môter de la court, (dót ie ne fay métion) par degrez en demie circóference, en vne terrace éleuee du rez de terre de quelque quatre ou cinq pieds, ayát seulemét deux toises deux pieds de large, sur la lógueur de sept toises deux pieds. Aux deux costez d'icelle à dextre & senestre, faut monter huit ou neuf degrez, pour aller aux deux terraux estants sur les deux bouts, és costez desquels on entre par dessous des arcs à vne autre terrace éleuee au dessus de la premiere, & faisant face à laditte premiere d'vn mur éleué, ayant en iceluy trois fenestres bastardes, pour donner iour à vne grotte, estant prinse entre les offices & caues contenus au premier estage du rez de terre.

Icelle terrace est ioignant vne gallerie de cinq arceaux de face, & fermee par les deux bouts de deux autres arceaux, vn de chacun costé, pareils à ceux de la face de deuant. Sur le deuant d'icelle terrace est vn appuy de trois pieds de haut, se ioignant la terrace & la gallerie ensemble, & sont toutes deux d'vne mesme longueur : de sorte qu'on se peut pourmener à descouuert sur la terrace, ou bien à couuert en la gallerie, laquelle est au mesme niueau que laditte terrace.

Sur le derriere de la gallerie, est le corps de logis où sont les membres necessaires, comme l'escallier qui est au milieu, & qui a son entree principale par le milieu de la gallerie. Au costé dextre de l'escallier est la salle, de l'autre costé est la chambre, & garderobbe, auec les deux cabinets portez sur le deuãt, comme est figuré, tant au plan qu'en l'éleuation.

Sus la gallerie susditte à arcades, qui est au deuant du grand corps de derriere à l'estage d'audessus, y a vne autre gallerie à croisees à niueau du troisiesme estage. D'iceluy grand corps, ou d'icelle gallerie, & pareillement des chambres dudit estage, on entre aux cabinets susdits.

Du rez de terre de la court, sous les deux terraces, y a deux passages, vn de chacun costé, tant pour aller aux offices estants sous le grand corps de logis, que sous la gallerie estant au deuant d'iceluy.

Au dessus du troisiesme estage des deux costez de l'escallier, sont deux belles places, dont l'vne peut seruir de garde-meuble, & l'autre d'vne armurerie.

Toute la maçonnerie de ce lieu ainsi desseigné, reuient à six cents trente toises.

Il y a en tout ce lieu sept cheminees, trois à chacun estage, qui sont six pour les deux estages éleuez sur les terraces, & vne à la cuisine des offices. Le reste de l'estage seruira à gardemanger & à caues, comme on le vouldra accommoder.

Il y a pour tout le carrelage des estages, neuf vingts dix toises.

La couuerture de tout le lieu, reuient à cent soixante toises.

Il y a quinze croisees.

Plus dix demies croisees.

Plus huit fenestres bastardes.

Quatre petites lucarnes.

Il y a dix trauees, auec six poultres pour le grand corps, sans les combles, auec les deux petites trauees aux deux saillies des deux costez, où sont comprins les cabinets, lesquels sont couuerts en petits dosmes. A l'entour d'iceux est vne petite gallerie de pied & demi de large, en forme d'appuy, laquelle regne pareillement au long de la gallerie, sur le deuant.

Au premier plancher de la gallerie, sera vne trauee de sa longueur, & au dernier estage d'au dessus ce sera vn comble.

Il y aura en tout le logis vingt & deux huisseries, ou enuiron.

XXV.

CE desseing est en forme de parallelograme, de dixsept toises de largeur, sur sept & demie de profondeur, sans les saillies des quatre petits pauillons des angles, qui sont six vingts sept toises & demie en superficie.

Le grand corps a deux estages, & le galletas dessus. Les quatre petits pauillons ont chacun trois estages, & vn petit galletas dessus. Le premier plan seruira à offices & autres commoditez, pour ausquelles aller faudra descendre du rez de la court, de trois ou quatre pieds, & môter du rez de terre par vn perron (figuré des deux costez) cinq ou six pieds pour aller à descouuert au deuxiesme estage, comme apparoist par le deuxiesme plan. Du premier estage bas, l'on montera pareillement à couuert au second par le grand escallier.

Le premier estage desseigne vn passage, ou allee pour passer de la court au iardin, qui sera derriere le logis: & à costé senestre d'icelle allee, est vne caue, à laquelle on va par vn passage desseigné sur le premier plan, estants laditte caue & allee sous la salle. Tout le reste sont membres de commoditez, comme il apparoist par les plans.

Es quatre coings du grand corps, sont quatre petits pauillons seruants de garderobbes, desquels on va par les deux costez de l'vn à l'autre, par le moyen de deux petites allees ioignantes le grand corps. Au milieu de chacune d'icelles est vn priué, comme les desseings des plans le demonstrent.

L'vn des desseings de ces éleuations monstre la face du deuant, respondant à la court: l'autre éleuation au dessus, monstre la face du costé.

Ie n'ay point fait de desseing pour la basse court & iardin à ce bastimét, par ce qu'és autres cy deuant i'en ay desseigné de plusieurs sortes, desquelles on peut prendre & s'accommoder, selon que bon semblera.

Toute la maçonnerie de ce bastiment, à prendre vne toise de fondement sous l'estage des offices, & à compter du pied du fondement iusques à l'entablement, six toises & demie: d'auantage vne toise d'éleuation aux petits pauillons, au dessus de l'entablement du grand corps, le tout reuient à sept cents soixante & dix toises.

Le carrelage des trois estages, reuient à trois cents quatre vingts dix toises.

La couuerture, tant du grand corps que des quatre pauillons, reuient à deux cents soixante & six toises.

A chacun estage y a quatorze trauees & cinq poultres, sans les petites des allees, & autant de trauees aux combles.

Il y aura pour tout le logis vingt & cinq cheminees.

Plus au deuxiesme estage où est la salle, y a vnze croisees, & six demies.

Au premier estage y a vnze fenestres bastardes doubles, auec six simples.

Plus douze lucarnes au galletas, auec six petits iours.

Plus aux quatre petits pauillons y a seize demies croisees, & huit fenestres bastarces, auec huit petits ouals.

Faut pour tout le logis cinquante & cinq huisseries, ou enuiron.

XXVI.

CE desseing demonstre vn corps de logis de vingt toises de longueur, sur quatre toises & vn pied de profondeur, sans les saillies des deux pauillons des bouts, qui sont quatre vingts trois toises & vn tiers.

Ce bastiment se peut fermer, tant par autres corps de bastiments appliquez és costez, qu'aussi par clostures de murailles (comme apparoist par les attentes) & rendre vne court sur le deuát. Toutefois i'ay fait en ce present liure quelques corps de bastiments, sans aucunes circonstances, pour autant que plusieurs personnes bien souuent se contentent d'vn corps, ne voulants faire d'auantage dans leur enclos: comme ici ils pourront veoir, & prendre ce que bon leur semblera.

Ce corps de logis a deux estages, & son galletas.

Le premier estage est au rez de terre de la court: & au milieu est l'entrée auec vn pallier, par lequel on monte trois degrez: & de là on va par le costé dextre à vne cuisine, ayant son gardemanger derriere l'escallier. Outre la cuisine est vn fournil garni de ses commoditez. De l'autre costé de l'entree à senestre, est la salle, auec son garde-nappe derriere ledit escallier: plus vne chábre, garderobbe, & cabinet. Et aux deux bouts du logis sur la court, sont deux petites montees des deux costez, à chacune desquelles

Pour les champs.   18

les au derriere est vn priué: Le grand escallier est au droict de l'entree.

Le deuxiesme estage sera accōmodé de quatre chambres, chacune sa garderobbe, & deux cabinets pour l'estage.

Le troisiesme d'audessus, qui est le galletas, sera accōmodé de pareils membres que le deuxiesme estage d'audessous, ou bien on le fera seruir en greniers, & se passera on des cōmoditez des deux premiers estages. Les deux pauillons estans sur le derriere, excederont en hauteur le grand corps d'vn estage, pour donner monstre & beauté à l'edifice.

Pour le regard des caues & celiers, il les faudra faire au dessous du premier estage, & y descendre, tant par l'escallier, que par les montees, estans és deux coings sur le costé de la court.

Toute la maçonnerie du corps, (à prendre du pied du fondement, qui sera sous les caues & celiers, iusques à l'entablement) sept toises, & vne toise & demie d'esleuation aux pauillons, au dessus de l'entablement du grand corps, touts les refans & entre-deux comptez, le tout reuient à cinq cents quatre vingts toises.

Le carrelage de trois estages du corps, & les quatre des deux pauillons des bouts, le tout reuient à deux cents quinze toises.

La couuerture, tant du grand corps, & des deux pauillons, que des deux petits dosmes qui sont sur les deux montees des deux bouts, le tout reuient à cent quatre vingts & dix toises.

Il y a à chacun estage six cheminees, qui sont dixhuit pour les trois estages: ou faisant greniers au lieu de galletas, seroient douze cheminees seulement.

Plus treize trauees à chacun estage, tant grandes que petites, & cinq poultres, qui serōt vingt six trauees pour les deux estages, & dix poultres. Au galletas, ou greniers, y aura treize trauees en comble.

Plus à chacun estage vnze croisees, qui sont vingt & deux pour les deux estages, auec vingt & huit fenestres, tant bastardes que petites, pour tout le corps.

Pour tout le bastiment trente huisseries.

XXVII.

CE bastiment consiste en vn lieu quarré de quarante & cinq toises sur chacun costé, qui seront en superficie, deux mil vingt cinq toises, qui font vn arpent, trois quartiers, sept perches & demie, ou enuiron: non comprins les saillies des petites galleries estants aux quatre coings.

Ceste place est vne basse court fermee d'eauë & de fossez: & au milieu d'icelle est le logis seigneurial, lequel contient en quarré douze toises de chacun costé, sans les saillies des petits pauillons des coings.

Iceluy logis est premierement éleué du rez de terre de la basse court, de trois toises, dans laquelle éleuation sont comprins deux estages: le premier sont caues & celiers, le second sont offices.

A l'entour d'icelle éleuation sont ioints des bastiments és quatre costez, esquels sont contenus les commoditez necessaires d'vne basse court: & ont iceux bastiments deux estages, faisans iceux estages les trois toises de hauteur cī dessus: & au dessus desdittes trois toises, est vne terrace pauee, regnante sur touts les bastiments de la basse court, laquelle seruira de court entour les quatre costez du logis du Seigneur, lequel est éleué au rez de terre d'icelle terrace, ou court, de laquelle il peut aisément contempler, non seulement sa basse court, mais aussi ses fossez & enuirons: & par ce moyen defendre fort commodément les aduenues de son logis. Le plan du bastiment a sur chacune face de son quarré, vingt deux toises de long, qui reuiennent à quatre cents quatre vingts quatre toises en superficie.

Au premier plan, assauoir celuy de la basse court, sont desseignees deux alleés trauersantes l'vne l'autre par le milieu, & ont icelles deux toises de large, & de long, le diametre de tout le corps: les bouts desquelles respondent sur le milieu de chacun des costez de ce plan, qui est l'endroit d'où elles sont esclairees des quatre costez. Par icelles allees on va à couuert, aux caues, celiers, & escalliers, qui montent du rez de terre à touts les estages, tant du logis de la basse court, qu'à ceux du logis du Seigneur. Les iours des offices & caues, & d'iceux escalliers, par bas sont prins au dessous des croisees de l'estage qui est au dessus de la terrace, lesquels couleront en glacis ausdites caues & offices.

Au premier estage du logis Seigneurial, sont quatre places voultees: Les escalliers susdits sont comprins en deux d'icelles, & peuuent iceux escalliers seruir pour toutes les parties & estages de ce corps: car par iceux peut on aller aux greniers & commoditez qui sont au deuxiesme estage de la basse court: comme aussi en touts les membres du logis Seigneurial, estant sur la terrace.

Les quatre places voultees (ci dessus) sont separees les vnes des autres par le moyen des allees qui se trauersent: & pourront icelles places, en leur premier estage, seruir de caues, celiers, & buchers. Et au deuxiesme d'audessus sont les offices, ausquelles sont comprises touts les membres y necessaires. Chacun d'iceux estages est voulté, qui seroit double voulte l'vne sur l'autre.

Les bastiments qui ioignent de touts costez l'estage des caues & offices, sont appropriez à la basse court, & n'ont en exaucemēt que la mesme hauteur des offices, assauoir trois toises. Ils ont pareillement deux estages l'vn sur l'autre, excepté la grange, pressoir, & vinee, qui sont comprins au derriere du logis, qui ont les trois toises susdites pour leur hauteur, tellement que leur voulte doit supporter la terrace d'audessus. Le premier estage d'icelle basse court sera à plancher, & aura de hauteur dix pieds. Au dessus seront greniers voultez, qui regneront de tous costez, fors au costé de la grange & pressoir.

Au premier estage de la basse court, & sur le deuant y sont les logis, tant pour le metayer, que pour suruenants, auec les escuries & estables. Les deux costez à dextre & senestre sont pareillement accommodez d'autres estages pour le bestail: toutesfois ce premier estage est subject à quelques pilliers par voyes, pour le support des saillies du logis du Seigneur.

Le logis du Seigneur est éleué en forme de donjon, au dessus de la terrace, ayāt seulement vn estage quarré, & vn autre en galletas. Chacun de ces estages consiste en vne salle, trois chambres, auec chacune sa garderobbe & cabinet, par le moyen des quatre petits pauillons, estans aux quatre coings dudit logis. Au milieu d'iceluy est vne allee pour desassubjettir, tant la salle que les chambres: & à l'entree est aussi vne allee seruant comme vestibule: & aux deux costez d'icelle, deux escalliers regnants de fond en comble. Tout le principal corps est couuert sous vn seul comble, sur le feste duquel est vne petite terrace couuerte de plomb, auec vn petit dosme, seruant, tant d'amortissement à ladite couuerture que d'vne guette, ou pour mettre vn horloge. Il y faudra monter par vne petite montee, gaignee au bout de l'escallier.

La closture de la court se peut faire de pierre, si bon semble, ou de terre, y faisant vne forte haye ou espallier, ou bien vn parappel de terre, éleué de trois ou quatre pieds. Es quatre coings se peut faire, si on veut, quatre petits forts ronds, ou quarrés de pierre, dont l'vn pourra seruir de colombier: on pourra faire les autres moindres, qui seruiront à quelques cōmoditez, & seront pour la defence du fossé. Ie ne mets en mon calcul le toisage de la maçonnerie des clostures, ni des petites saillies estans és coings. Il se peut prattiquer en quelque coing de la basse court vne mare pour le bestail.

La masse de toute la largeur des bastiments de la basse court, comprins les caues & offices, depuis le fondement iusques à la terrace, ou court du Seigneur, qui sont les trois toises d'éleuation du rez de terre de la basse court, prenant vne toise de fondation, le tout reuient à neuf cents vingt toises.

Les voultes, tant des allees du premier estage, & du deuxiesme, que celles de tout le contenu, le tout reuient à six cents cinquante toises.

Le corps de logis du Seigneur, ne reuient qu'à quatre cents quatre vingts toises de muraille, d'autant qu'il n'y a point de fondement à toiser, ayant esté toisé au premier toisage de la masse d'embas.

L'appuy regnant entour la terrace, ou court du Seigneur, ayant trois pieds de haut, reuient à trente & huit toises.

Le carrelage du logis du Seigneur, & des offices, reuient à trois cents toises.

Le carrelage des deux logis de la basse court, reuient à quarante toises.

La couuerture du logis du Seigneur, reuient à neuf vingts dix toises.

Pour le regard de la couuerture des bastiments de la basse court, il n'y en a point, d'autant que le tout est couuert en terrace, qui est la court du logis du Seigneur.

En tout le logis du Seigneur, il y a vnze cheminees, & deux aux deux logis de la basse court, qui sont treize.

Plus vnze croisees au logis du Seigneur, auec vnze lucarnes pour le galletas.

Plus seize petites fenestres aux quatre pauillons des coings.

Trente & six petites fenestres, tant au premier estage du rez de terre, que des greniers, sans les fenestres d'audessous les croisees du logis du Seigneur, pour laisser tomber le iour en glacis aux offices & caues.

Plus cinquante & six huisseries, grandes que petites, tant pour tout le logis du Seigneur, que pour la basse court.

Plus dix grandes trauees pour le logis du Seigneur, auec les quatre des pauillons, & autant en comble.

Plus douze trauees pour les logis de la basse court, & pour les estables du bestail, sans les escuries que ie ne compte point, d'autant qu'à toutes escuries qui ne seroient voultees, seroit besoing y mettre soliues de dix à douze poulces, & les mettre à trois pieds prez l'vne de l'autre, & voulter les entredeux de brique, en maniere d'vn petit arc courbé, pource que communément les estables à cheuaux sont subjettes au feu: Toutesfois en cet edifice, l'estage au dessus des escuries est voulté.

XXVIII.

CESTE place en paralelograme, a vingt & huit toises de largeur, & douze & demie en profondeur, qui font trois cents cinquante toises en superficie, qui valent vn tiers d'arpent, deux cordes moings, ou enuiron.

Le bastiment est vne masse composee de trois corps, l'vn au milieu, & les deux autres en forme de deux gros pauillons, qui ferment iceluy.

Le premier estage est celuy des offices, lequel est moytié dans terre, & moytié dehors: au moyen dequoy il faut monter quelques degrez à l'estage d'audessus celuy des offices.

L'estage des offices est desseigné par le premier plan, comme apparoist par le desseing des voultes.

L'estage éleué audessus, est pareillement desseigné au second plan. Au corps du milieu, est la salle, auec deux garderobbes, & deux escalliers.

Le second estage de ce corps est en galletas, accommodé de pareils membres, qui sont en forme de pauillons.

Les deux autres corps ioignants, l'vn à dextre, l'autre à senestre, sont éleuez vn chacun de deux estages iusques à l'entablement. Au dessus est vn troisiesme estage couuert en dosme, ayant à la scime vne petite tube, ou lanterne de six à sept pieds, couuerte pareillement en dosme, selon l'ordre du grand: & d'icelle lanterne tombe le iour, & descend en l'estage. Chacun desdits pauillons est couuert en deux dosmes, qui sont quatre pour iceux deux pauillons: le dedans desquels dosmes seruira de garde-meu-

D iij

Liure d'architecture

bles, & grands cabinets, soit d'armes ou de peintures.

Iceux corps sont accommodez de membres, comme apparoist sur le plan, assauoir chacun d'iceux corps de deux chambres, garnies de leurs garderobbes, saillans sur la terrace, outre le corps du milieu. Entre icelles chambres, est vne allee venant de la salle, separāt lesdites deux chambres les vnes des autres: Laquelle allee, au premier estage se vient rendre aussi sur la terrace regnant en tout le logis. Et au deuxiesme estage a vn appuy, ou fenestre, ayant iour sur ladite terrace.

La closture de la terrace, entre le logis & le fossé, ayant trois toises d'éleuation, depuis le fondement iusques au cordon, reuient à trois cents toises.

L'appuy, ou parappel de trois pieds de haut, auec les quatre petits forts, reuient à soixante & quinze toises.

La maçonnerie de tout le bastiment, reuient à neuf cents soixante & dix toises.

Les voultes des offices & caues, reuiennent à six vingts dix toises.

Le carrelage de tous les estages, reuient à deux cents soixante toises.

Il y a en tout le logis vingt & vne croisee, & cinq lucarnes au galletas du corps du milieu.

Plus vingt & huit petites fenestres bastardes, tant pour les escalliers, que pour les quatre petits pauillons estants outre le corps.

Plus treize fenestres bastardes en glacis, estants au dessous des croisees du premier estage du rez de la terrace, pour donner iour aux offices.

Il y a dixneuf trauees à tous les estages, auec dix poultres, sans les petites trauees des petits pauillons, auec les combles du galletas du corps du milieu, & les quatre combles en dosme, & dix autres petits, assauoir les quatre des quatre petits pauillons, puis les deux des montees, & les quatre des quatre tubes de dessus les dosmes.

Sans les quatre, qui sont aux quatre petits fors, lesquels se doiuent couurir de pierre de taille à ioings couuers, ou bien de bonne brique, s'amortissant sur la voulte de degré en degré, si on ne les veut faire de charpenterie, & la couuerture dessus.

Il y a douze cheminees pour tous estages, si ne voulez en faire de petites aux petits cabinets, desquels ie ne feray calcul en ce present compte.

Il y a en touts les estages cinquante huisseries, tant grandes que petites.

Le dixneufiesme bastiment cy deuant declaré, reuient à mesme ordonnance que cestuy: toutefois vous y trouuerez des changements differents, pour donner à cognoistre qu'à vn desseing de bastiment, encores qu'il soit arresté, on y peut changer, tant aux commoditez qu'en la couuerture & symmetrie.

XXIX.

CE bastiment est vne masse de logis, lequel contient douze toises & demie sur cinq deux pieds de large, non compté la saillie du perron sur le deuant. Ce logis n'a que deux estages, & son galletas dessus.

Au premier estage, on passe par dessous le perron, par vne allee pour aller à vne petite terrace, de laquelle on descend pour aller au iardin. Es deux costez de l'allee sont deux places, lesquelles seruiront de caues ou celiers.

De l'entree venant à l'allee susditte, au costé dextre est vne cuisine, son gardemanger, & montee pour le bastiment. De l'autre costé senestre, est vn fournil, auec vne petite place pour les farines.

Il faut monter au deuxiesme estage par le perron à descouuert, ou bien par la montee à couuert: Lequel estage est accommodé d'vne salle, auec son serre-nappe, deux chambres, & deux garderobbes, auec deux petits cabinets posez sur deux trompes, estants aux angles par le dehors.

Le troisiesme estage se pourra faire en galletas, & accommoder de pareils membres que le deuxiesme: Autrement faudra separer la salle en deux, & en faire chambres,

bres, ou bien s'en seruir de grenier.

La maçonnerie de tout ce bastiment, prenant vne toise de fondation plus bas que le rez de terre, & du rez de terre iusques au dessus de l'entablement, reuient à trois cents quatre vingts toises.

Le carrelage des deux estages, de la cuisine, & du fournil, reuient à quatre vingts quinze toises.

La couuerture, reuient à cent cinq toises.

Il y a huit cheminees pour les trois estages; mais faisant seruir le galletas de grenier, il n'en faudra que cinq.

Plus sept croisees & quatre demies, & huit fenestres bastardes.

Plus vnze lucarnes, assauoir cinq grandes, & le reste petites.

Plus vingt & quatre trauees, tant grandes que petites, & dix poultres.

Plus neuf trauees en comble.

Plus vingt & trois huisseries.

XXX.

CESTE place est vn quarré de vingt & quatre toises sur chacun costé, qui font cinq cents soixante & seize toises en superficie, qui est demi arpent de terre, vne corde & demie, ou enuiron. Es quatre angles d'icelle place, sont quatre rauelins aiguts, auec leurs courtines : le tout se fera de pierre en tallut dans les fossez.

Dans ceste place, est assis le bastiment de dixhuit toises sur chacune face en son quarré, non comprins les douze saillies des petites garderobbes & cabinets, saillants outre le corps d'vne toise, ou enuiron.

Ce bastiment est composé de quatre corps de logis fermants la court, à l'entour de laquelle est vne gallerie de neuf pieds de large. Aux quatre angles d'icelle sont quatre montees, dont d'vn chacun costé d'icelles, est vne petite place seruant de commodité pour les membres des estages : ce qui fait rendre par le moyen d'icelles places & montees, la gallerie & la court, oualles : laquelle court a sur sa largeur huit toises deux pieds moins : & de profondeur, cinq toises deux pieds.

Les modernes ne suiuent gueres ces manieres d'ordonnances, dont i'en ay fait de quatre ou cinq sortes en ce present volume : d'autant qu'ils trouueront estrange ceste façon de dresser ainsi les bastiments, pour ne l'auoir accoustumé, n'estant la maniere d'auiourdhuy : Ce neantmoins les antiques estoient fort accoustumez d'en vser, mesmement en leurs plus somptueux edifices, comme il appert par les vestiges & ruines qui sont demeurees, & que lon void encore auiourdhuy.

Les corps de ce bastiment ont deux estages, & leur galletas dessus, & les douze saillies, trois, estants couuertes en dosmes, comme il appert par le desseing de l'éleuation.

Pour le regard de l'ordre des commoditez, ie n'en ay fait qu'vn plan, par lequel vous en pouuez seruir en tous estages, changeant seulement le grand corps de derriere, duquel en son premier estage (si bon vous semble) s'en peut faire vne gallerie voultee à arcades, tant sur le derriere qu'és deux costez : & le dessus en son second estage, en faire comme elle est desseignee sur le plan, pour seruir de salle & gallerie. Le dessus qui est le galletas se diuisera en membres, par le moyen de quelques cloisons.

Sur l'entree de deuant, est vne petite place ronde regnante à tous les estages, au second estage de laquelle est vn rond ouuert, & vne petite gallerie de trois pieds de large, qui le circuit par dessus les appuis, de laquelle on regarde par bas les entrans & sortants, ayant à l'entour d'iceluy rond vn petit appuy, ou gardefort de trois pieds de haut.

Iceluy rond a neuf pieds de diametre, & regnera pareillement au troisiesme estage, sur lequel est porté vn dosme regnant sur pillastres, dont le iour descend au trauers d'iceux au dessous, & és petites galleries. Tout le reste verrez par les desseings du plan, & de l'éleuation.

Liure d'architecture

Pour le regard des offices, ie n'en ay point fait de mention, d'autant qu'au premier estage du rez de terre, il se pourra trouuer du lieu assez pour cuisines, & autres offices: Il est vray, que qui voudroit faire sous le grand corps de derriere vne voulte de sa longueur, là se trouueroit lieux & places de plusieurs commoditez d'offices, & dont les descentes se prendroient és montees prochaines d'icelles.

Lesquelles montees ont chacune de largeur neuf pieds de diametre dans œuure, le noyau au milieu, chacune marche quatre pieds de long seulement: & du rez de terre lon descendroit és offices: & de l'autre costé on monteroit és estages d'enhaut: toutefois ie n'ay fait nulle mention au calcul de l'estage des offices.

Les quatre rauelins & courtines, à prendre trois toises du fond iusques au dessus du parappel, reuiennent à trois cents quarante toises de mur, portant tallut.

Tout le bastiment, assauoir les quatre corps ayants vne toise de fondation, reuiennent à quatorze cents trente toises.

Il y a cinquante croisees aux deux estages.

Plus quarante & huit fenestres bastardes.

Il y a à l'estage du galletas, tant dedans la court que dehors, trente & deux lucarnes.

Plus vingt & sept cheminees, tant aux deux estages qu'au galletas.

Plus cinquante & quatre trauees, & vingt & huit poultres, auec trente & six petites trauees, qui ne sont que de sept à huit pieds de large pour tout le corps: non comprins les combles des pauillons, ausquels y a autant de trauees qu'à chacun estage.

Plus cent trente huisseries pour tous les estages.

Le carrelage des trois estages, auec la gallerie d'autour la court, ayant ses deux estages, le tout reuient à cinq cents trente toises.

Plus en couuerture quatre cents vingt toises.

Plus quarante & huit petites fenestres aux saillies.

XXXI.

CE desseing demonstre vne place en forme de parallelograme, enclose de trois costez d'eaue, ayant de largeur cent douze toises, sur la profondeur de trente & cinq, qui sont trois mil neuf cents vingt toises en superficie, qui valent trois arpents & demi, deux perches & demie de terre, ou enuiron: non comprins les saillies des corps des bastiments.

Ceste place est ordonee en trois parties, assauoir la maison du Seigneur, laquelle est au milieu, auec tous ses departements. A dextre est le parterre, ou iardin, accompagné de ce qui y est necessaire: puis à senestre est la basse court, auec les commoditez requises.

A l'entree du logis du Seigneur est le pont-leuis, accompagné de deux petites tours seruantes de defense: d'iceluy pont on vient à vne allee, ou gallerie de quatre toises de largeur, par le milieu de laquelle est l'entree de la court du Seigneur. Aux deux bouts d'icelle sont comme deux corps de pauillons: & au dessous des places vagues fort necessaires en vne maison, pour retirer coches, littieres, chariots, & charrettes. De laditte allee, ou gallerie par dessous ces pauillons, à main senestre, on va à la basse court: & au contraire d'icelle, à dextre, on va au iardin.

La court du Seigneur a trente toises de large, sur vingt & quatre de profondeur, fermee de bastiments de trois costez. Les deux costez à dextre & senestre, sont deux grands corps de logis éleuez seulement d'vn estage du rez de la court, & leur galletas dessus: & en iceux au premier estage, se peuuent prendre tous membres necessaires à offices: & à l'estage de dessus qui est en galletas, touts membres manables. L'autre bastiment, qui est sur le derriere en face de la court, est vne gallerie à arcades, & voultee: & au dessus vne terrace. Aux deux bouts d'icelle sont deux grands pauillons de douze toises de long dans œuure, éleuez de deux estages, & le galletas dessus: ausquels pauillons se viennent ioindre & fermer les corps des deux bastiments susdits. Vn chacun d'iceux

pauil-

pauillons est garni d'vn escallier & membres necessaires pour vn tel lieu, comme le demonstre & represente, tant le plan que l'éleuation.

La basse court a trente toises de largeur, sur vingt & six de profondeur, fermee de tous costez de bastiments.

En premier lieu, du costé senestre de l'entree sont establies, tant pour bœufs, vaches, brebis, qu'autre bestail. A l'opposite est vn petit jeu de paulme, aux deux bouts duquel sont deux petits logis, ayants chacun sa chambre & son grenier dessus. Du costé dextre ioignant la petite maison, tenant au grand pauillon, est vne petite court. De l'autre costé senestre, est vne escurie double pour deux rangs de cheuaux: & aux bouts d'icelle est vne place pour retirer les selles & harnois: ou qui voudra, en mettre vne partie en escurie. Le costé senestre de l'entree d'icelle basse court, est fermee d'vn des corps de logis de la court du Seigneur. L'autre costé opposite, est clos & fermé d'vne grande grange, ayant aux deux costez d'icelle deux petites courts, auec le logis du metayer. Ioignant le coing, est vn pont pour l'issue de la basse court, au milieu de laquelle est le colombier.

De l'autre costé est le iardin de vingt & quatre toises de large, sur vingt & huit de profondeur, ayant aux deux coings d'iceluy (non du costé du logis du Seigneur) deux pauillons, l'vn seruant de commoditez, tant au premier qu'au second estage: à l'autre se pourra prattiquer & faire au premier estage quelque petite grotte: au dessus, quelque petite commodité, moyennant vne petite montee qu'il y faudra prattiquer. En ce iardin, sur le costé de l'entree du logis Seigneurial, au premier estage, est vne gallerie à pillastres terracee au dessus. Au costé opposite d'icelle, sont trois rangs d'arbres faisans allees entredeux, chacune d'vne toise de large: par les desseings vous pourrez veoir le contenu de ceste declaration.

Toute la maçonnerie des talluts & saillies des quatre costez, comptant depuis le pied du fondement iusques au cordon cinq toises, reuient à quinze cents cinquāte toises.

Toute la maçonnerie de ce lieu, tant du logis seigneurial que de la basse court & closture du iardin, reuient en tout à deux mil soixante toises.

Le carrelage de tous les estages du logis du Seigneur, reuient à six cents toises.

La carrelage des logis de la basse court, & du jeu de paume, reuiēt à six vingts toises.

La couuerture de tous les corps du logis seigneurial, reuient à six cents toises.

La couuerture de tous les membres de la basse court, reuient à trois cents soixante toises.

A chacun estage du corps de logis du Seigneur y a quatorze cheminees, qui sont pour les deux estages & galletas, quarante & deux.

Plus pour les logis de la basse court, trois cheminees.

A chacun estage y a trente & deux trauees, & seize poultres, qui sont soixante & quatre trauees, & trente & deux poultres, pour les deux estages.

Plus les combles du galletas.

Plus à la basse court, huit trauees & quatre poultres, sans les petites des establies, & combles de tout le contenu.

Plus au logis du Seigneur, cent croisees.

Plus audit logis, cinquante & deux lucarnes.

A la basse court, seize fenestres, tant grādes que petites, auec neuf petites lucarnes.

Il faut quatre vingts dixhuit, tāt pour le logis du Seigneur, que pour la basse court.

XXXII.

CEste place est vn parallelograme, ou quadrangle de vingt & huit toises en largeur, & vingt en profondeur, qui sont cinq cents soixante toises en superficie, qui valent demi arpent, demie corde de terre, ou enuiron, ayant à chacun coing de la place vn rauelin pour defense, auec l'entree au milieu de la cour-

Liure d'architecture

Le bastiment y desseigné, est en pareille forme de quadrãgle, lequel contient vingt & quatre toises de longueur sur la profondeur de quinze toises quatre pieds. Le reste sert à vne terrace regnant à l'entour du logis, laquelle a deux toises de largeur.

Cet edifice consiste en quatre pauillons separez l'vn de l'autre, ayãts chacun de longueur neuf toises, sur cinq toises deux pieds de largeur. Entre iceux est la court, d'vne ordonnance de quatre demies circonferences fermants icelle court, qui est de six toises en quarré, sans les renfondrements desdittes circonferences.

Les pauillons sont éleuez de trois estages, & leur galletas dessus. Le premier estage par bas, est accommodé de touts membres necessaires, pour seruir à offices & caues: & y faudra descendre du rez de terre de quatre à cinq pieds. Au contraire d'iceluy rez de terre, faudra mõter de quatre à cinq pieds au deuxiesme estage, lequel seruira de commoditez manables: comme aussi fera le troisiesme de tous les quatre pauillons.

Quant au quatriesme estage d'iceux pauillons, lequel i'ay desseigné en galletas: i'enten le laisser sans aucun refan, ne cloison, n'y pretendant faire aucun logement, par ce que ces quatre places seruiront de garde-meubles, d'armurerie, & cabinets de peintures, & autres telles choses.

Ces quatre pauillons sont fermez par deuant & derriere d'vn fort mur, & des deux costez à dextre & à senestre de deux petits corps de logis, ayants vn chacun vn estage seulement, assis sur les offices, & vne terrace dessus. Iceluy estage sera comme vne gallerie fermee pour aller à couuert de pauillon à autre, & à descouuert par la terrace d'audessus. Chacun d'iceux pauillons est accommodé d'vn escallier, auec ses membres desseignez sur le plan.

Les quatre escalliers sont éleuez plus haut que l'entablement des pauillons, pour le seruice du dernier estage, qui est en galletas. Icelles montees seront couuertes en maniere de petits dosmes quarrez: & au dessus quelques petites tubes, ou lanternes pour descouurir de toutes parts.

Les priuez se pourront prendre dedans l'épesseur des grosses murailles, estants és coings des circonferences, comme ie les y marque par pertuits quarrez, lesquels s'escouleront par tuyaux, qui descendront dans le tallut où l'eauë ira respondre: & faudra prattiquer des petits passages pour y aller de l'escallier.

I'ay fait en ce desseing trois éleuations, deux geometralement, & la troisiesme en perspectiue sur la veuë du costé, auec l'éleuation du portail. L'vn des deux desseings geometraux est de la face du deuant, l'autre est de la face de la separation du milieu, auquel est figuree la moitié de la court.

Toute la maçonnerie, comprins le retour des rauelins, sans leur éleuation, que ie laisse à volonté, & dont ie n'ay fait calcul, pareillement du rehaussement du parappel, & des courtines, lesquelles ie reduits seulement à trois toises & demie de fondement iusques au cordon, & aussi le fort de l'entree, le tout reuient à cinq cents toises.

Toute la maçonnerie, tant des quatre pauillons que de tout le contenu du principal corps de logis, reuient à treize cents cinquante toises.

Le carrelage de tous les estages du logis, reuient à trois cents quatre vingts toises.

Les voultes de tout le premier estage d'embas, reuiẽnent à cẽt quatre vingts toises.

La couuerture des quatre pauillons, auec celle des quatre escalliers, reuient à trois cents trente toises.

Les voultes des deux terraces, estants aux deux costez, entre les pauillons, reuiennent à soixante toises.

La moitié du premier estage dedié à offices, lequel il faudra pauer, reuiendra à soixante toises.

L'autre moitié dudit estage ce seront caues.

Il y a dixhuit cheminees: premierement deux à l'estage des offices, & six à chacun estages de dessus icelles, qui seront douze, & vne à chacun dernier estage des quatre

Pour les champs.

Il y a trente & quatre feneſtres en maniere de croiſees au deuxieſme & troiſieſme eſtage, huit grandes lucarnes larges pour donner iour és galletas : plus ſeize feneſtres communes pour les quatre eſcalliers.

Au deuxieſme eſtage y a dixhuit trauces, & ſix poultres, au troiſieſme ſeize trauces, & ſix poultres, & les combles deſſus.

En tout le logis y a ſoixante & dix huiſſeries.

XXXIII.

CE lieu eſt comprins dans vn quarré parallelograme, de trente & quatre toiſes de largeur, & vingt de profondeur, qui ſont ſix cents quatre vingts toiſes en ſuperficie, qui valent demi arpent, demi quartier de terre, quelque perche moins, ou enuiron : non comprins les ſaillies des quatre petits forts, eſtans és quatre angles. Dans la cloſture de ce lieu eſt la baſſe court, & ſes commoditez, auec le logis ſeigneurial.

Premierement, l'entree eſt au milieu de l'vne des courtines, de laquelle on va à la baſſe court, qui a dixhuit toiſes & demie de profondeur, ſur ſeize & demie de largeur. Sur le coſté ſeneſtre de l'entree, eſt le logis ſeigneurial : & du coſté dextre ſont les commoditez de la baſſe court, comme eſtables, grange, greniers : & le tout enſemble n'eſt qu'vn corps compoſé de toutes ces choſes. A ſçauoir ſur le milieu au rez de terre eſt l'aire de la grange, & à dextre & ſeneſtre d'icelle, ſont de chacun coſté trois eſtables, dont y en a deux de l'vn des coſtez de deux toiſes deux pieds de large, ſur ſix toiſes de profondeur : & celle du milieu, de deux toiſes ſur la meſme profondeur. A l'autre coſté pareil, icelles eſtables ſont voultees à ſept ou huit pieds de haut, au deſſus deſquelles eſt l'aire de la grange, contenant tout le deſſus d'icelles. Du rez de l'aire, qui eſt au rez de terre (où on bat le bled) ſe monteront les gerbes pour les aſſeoir au deſſus du rez des voultes ſuſdittes.

Chacune eſtable eſt ſeparee par murs ou refans, dont les vnes ſeruiront à eſcuries, les autres pour bœufs, moutons, vaches, & autre beſtail, ſelon qu'on verra pour le meilleur. Trois toiſes, ou enuiron au deſſus du rez de la grange, qui eſt ſur les voultes deſdittes eſtables, ſeront pareillement voultes quarrees chacune de treize à quatorze pieds de large, portees & ſouſtenuës par pillaſtres quarrez, qui ſeront aſſis ſur les murailles, faiſants les ſeparations des eſtables ſuſdittes : & tout le vuide du dedans ſeruira de grange, laquelle ſera couuerte d'icelles petites voultes. Au deſſus d'icelles ſera vn grand grenier de la longueur & largeur de laditte grange, lequel ſera couuert de ſept petits combles ſuyuant l'ordre des entredeux des murailles, & ſeront iceux combles portez ſur les pilliers, eſtants à la grange, leſquels regneront iuſques aux dits combles.

Sur le deuant de l'entree de la grange ſont deux pillaſtres en ſaillie, ſur leſquels, & pareillement auſſi ſur les deux premiers murs de l'aire, ſe porte le colombier, comme apparoiſt, tant ſur l'vn des plans, que par les deſſeings des éleuations de la face de la grange.

Es deux angles de la court, ioignant le grand corps, ſont deux montees pour aller aux greniers : à chacune d'icelles par bas eſt vn priué.

A l'autre coſté oppoſite de la court, qui eſt ſur le coſté ſeneſtre de l'entree, eſt le logis ſeigneurial, lequel eſt compoſé de trois corps de logis. Le principal d'entre iceux corps, qui eſt au milieu, a quatre eſtages : le premier ſert de caues : le ſecond d'vne gallerie voultee à arcades : le troiſieſme d'vne ſalle & ſes commoditez : le quatrieſme eſt vn galletas pour ſeruir de greniers, ou autres commoditez.

Les deux autres corps eſtants à dextre & à ſeneſtre, ont autant d'eſtages que le grand corps : le premier ſeruira à offices : le ſecond & troiſieſme ſeront membres logeables : le quatrieſme en galletas.

Du rez de terre de la court faut entrer en vne porte, de laquelle on deſcend deux ou

Liure d'architecture

trois pieds pour aller aux caues & offices. Au contraire d'iceluy rez de terre, faut monter par deux coſtez ſix ou ſept pieds par vn perron, pour venir à la terrace, qui eſt entre les deux corps de logis & celuy du milieu, de laquelle terrace on va à la gallerie voultee, & aux membres des deux corps. L'eſtage des offices ſera voultee auec la gallerie: tout le reſte ſeront planchers: dans les corps y a deux eſcalliers pour la commodité des eſtages.

Sur l'entree de la court ſont deux pillaſtres quarrés, ſur leſquels, & auſſi ſur la muraille & cloſture du lieu, ſera aſſis vne petite chambre couuerte en pauillon: pareillement ſur la profondeur de la court, & à la ligne reſpondante à l'entree, ſont deux autres pareils pillaſtres egaux, ſur leſquels, & ſur la muraille de la cloſture, ſera pareille chambre que ſur le deuant, eſquelles deux petites places on ira par deux petites galleries reſpondantes és deux corps de logis, eſtants à dextre & ſeneſtre de la terrace. A chacune d'icelles petites galleries, eſt vne petite montee pour leurs commoditez: au deſſous on pourra retirer à couuert coches & littieres.

Ceſte maniere de baſtir eſt propre pour ceux qui ſe veulent loger menageremēt, & auoir tāt leur logis que la baſſe court encloſe & fermee en vn, à ce qu'ils puiſſent veoir ſans grande peine tout ce qui ſe fait chez eux. Suyuant ce ſubjet, ſe pourra faire & inuenter autres baſtiments plus riches, ou plus ſimples (ſelon le deſir de dépendre) pour retirer le tout en peu de lieu.

La maçonnerie, tant des courtines que des petits forts, à prēdre deux toiſes de fondation iuſques au deſſus du cordon, reuient à deux cents quinze toiſes.

La maçonnerie de la baſſe court, tant de la grange, colombier, eſtables, que les voultes, auec l'éleuation de la cloſture au deſſus du cordon, laquelle eſt de trois toiſes de haut, regnāt tant ſur la face de l'entree que meſmement ſur le derriere: comprenant auſſi en ce calcul les petites Chambres, deſquelles il y en a vne ſur le portail, & l'autre qui eſt à l'oppoſite, ioignant la cloſture de derriere: le tout ci deſſus enſemble, reuient à huit cents quatre vingts toiſes.

Le logis ſeigneurial, à prendre l'éleuation d'audeſſus le cordon, iuſques au deſſus de l'entablement de ſept toiſes de haut, regnant aux entours les pans des corps, tant dehors que dedans, qu'auſſi les refans, & voultes, & petits murs d'appui, que l'exaucement des quatre demies circonferences eſtants aux corps des coſtez, le tout reuient à neuf cents quatre vingts toiſes de maçonnerie.

Le carrelage de tous les planchers, tant du logis du Seigneur, que des deux petites chambres, eſtāts ſur le portail, & ſur le derriere, reuient le tout à deux céns vingt toiſes.

Le paué des offices, auec celuy de la terrace d'entre les deux corps des deux coſtez, reuient à quatre vingts toiſes.

La couuerture, tant des trois corps (dont les deux des deux coſtez ſont couuerts en demies circonferences, & le corps du milieu en pauillon) que de tout le reſte des baſtiments du pourpris (excepté le colombier, & la grange, & les petites montees qui la ioignent,) le tout reuient à deux cents ſoixante toiſes.

La couuerture de la grange, eſtant en petits combles, enſemble le colombier, & les petites montees ſuſdittes, reuient le tout à deux cens dix toiſes.

Le carrelage du grenier au deſſus de la grange, reuient à cent cinq toiſes.

Il y a pour tous les trois eſtages, & pour les offices, vingt cinq cheminees.

Ne faiſant point de croiſees à la gallerie ſur le coſté du foſſé (encor que ie les aye marquez ſur le plan, & non à l'éleuation) il y a trente cinq croiſees, auec trente & quatre petites feneſtres.

Plus quatorze lucarnes, & deux oualles.

Plus trente & huit traues, & quatorze poultres pour les deux eſtages, & dixhuit reuenant en combles.

Plus ſoixante huiſſeries grandes que petites, tant pour le logis du Seigneur que pour le corps de la grange.

Touchant

Pour les champs.

Touchant des petites fenestres, & iours du corps de la grange, ie n'en fay point de calcul, d'autant que cela se comptera parmy le toisage.

XXXIIII.

CE bastiment consiste en vne place, ayāt quarante & deux toises de largeur, & trente & vne de profondeur, qui sont en nombre treize cents deux toises en superficie, qui reuiennent à vn arpent, demy quartier, cinq perches, vn peu moins.

Et doit estre ce bastiment garny par bas de son estage d'offices, auquel y faudra descendre par les escalliers, qui ont leurs aduenues par des perrons en forme de demie circonference, par lesquels il faudra monter au premier estage au dessus celuy des offices.

Ce corps de logis est accompagné de six gros pauillons, quatre desquels sont assis aux quatre coings d'iceluy: l'vn des deux autres sert d'entree & portique au logis: & l'autre est vis à vis iceluy, seruant d'issue pour aller au iardin. Les corps de logis sont ioignants & contigus entre tous ces six pauillons. Le principal d'iceux corps est à main senestre en entrant, ayant au premier estage, qui est au rez de la court, vne gallerie regnante d'vn pauillon à autre. Et au corps de logis, à main dextre, est seulement vne gallerie regnante: pareillement toute la distance d'entre les deux pauillons des coings.

Es deux autres corps, assauoir celuy de deuant & celuy de derriere sur la court, y sont pareillement comprins deux autres petites galleries, chacune de trois arcs seulement, de la mesme symmetrie & ordonnance que les deux precedentes: de sorte que du milieu & centre de la court, lon void les quatre costez semblables les vns aux autres, comme pouuez cognoistre par le desseing du premier plan.

Le second plan qui represente le deuxiesme estage, n'est en aucuns endroits tout semblable au premier, parce que dessus le corps du costé senestre, est vne salle en berceau, d'vnze toises de longueur, & cinq de largeur: ayant d'vn costé vn grand escallier, & de l'autre vne antichambre, de laquelle on va aux commoditez, comprinses dans le pauillon prochain.

Le costé opposite, est vne gallerie en galletas.

Les pauillons se suiuēt de commoditez pareilles à celles du premier estage: mais le corps de deuant, & celuy de derriere en leurs seconds estages, sont en partie terracés: principalement à celuy de deuant y en a quatre, & à celuy de derriere deux petites, auec leur appuy, le tout desseigné sur le plan.

Les trois pauillons du deuant sont de deux estages, & leur galletas dessus, les terraces entre iceux, sont au dessus du premier estage des deux corps, à dextre & à senestre.

Les trois pauillons du grand corps de derriere, sont de trois estages & le galletas au dessus. Les corps entre iceux, tant à dextre qu'à senestre, de deux estages seulement: puis le galletas dessus. La petite terrace est assise au dessus du premier estage du pauillon du milieu.

Toute la maçonnerie de ce bastiment, reuient à trois mil trois cents toises.
Toutes les voultes de l'estage des offices & caues, reuiennēt à six cēts soixāte toises.
Les voultes des quatre galleries de la court, reuiennent à cent cinquante toises.
Tout le carrelage de tous les estages, reuient à treize cents toises.
Toute la couuerture de tous les corps & pauillons, reuient à huit cents quatre vingts toises.
En touts les estages du logis, y aura soixante & quatorze cheminees.
Plus cent dixhuit croisees, & douze fenestres bastardes.
Plus soixante & deux lucarnes, & douze petites.
Plus six vingts trauees, tant grandes que petites, & soixante & quatre poultres: puis touts les combles.

Liure d'architecture
Plus huit vingts dix huisseries, pour tous les estages du logis.
XXXIIII.

CE bastiment n'est de gueres dissemblable au precedent, & est cōprins dans vn quaré, qui est quelque peu imparfait, parce que d'vn costé sur la largeur d'vn bout de pauillon à autre, y a quarante & trois toises, & sur sa profondeur quarante, qui font dixsept cents vingt toises de superficie, reuenants à vn arpent & demy, cinq perches de terre, vn peu moins.

L'edifice est composé de quatre corps de logis, enrichy de six pauillons, quatre aux quatre coings, vn sur le milieu du corps de deuant, qui est l'entree, ou portail: l'autre sur le milieu du corps de derriere. La court a vingt & quatre toises & demie de largeur, & vingt & quatre en profondeur, n'estant ce bastiment de petite entreprinse: car outre ce que demonstre le desseing, il faut entendre y auoir encor vn estage dans terre, qui seruira pour les offices, caues, & celiers: ausquels du rez de terre faudra descēdre par les escalliers de cinq à six pieds: & faudra qu'iceluy estage soit voulté. Au contraire du rez de terre faudra mōter quatre ou cinq pieds par lesdites montees & escalliers, pour aller au premier estage au dessus desdittes offices.

Les trois corps de logis, assauoir celuy de deuant & les deux du dextre & senestre n'ont qu'vn estage, & le galletas dessus. Le corps de derriere a deux estages, auec son galletas dessus.

Les trois pauillons estants sur le corps de deuant, sont de deux estages, & le galletas dessus.

Les trois pauillons du grand corps de derriere, sont éleuez de trois estages, & le galletas dessus.

Le corps estant à dextre en entrant à la court est vne gallerie à arcades, & voultee, ayāt au dessus vne autre gallerie en galletas: laquelle a deux saillies dessus pillastres sur la court, pour y prattiquer deux petits cabinets qui voudra, ou biē les laisser en terrace.

L'autre costé opposite, est vne grande salle de vnze à douze toises de longueur, & de cinq & demie de largeur, garnie de chacun costé de commoditez y necessaires.

Toutes les commoditez, tant des pauillons que des corps de logis, sont faciles à remarquer sur le plan.

Pour le regard de la court, il y a quatre parterres de iardins, à l'entour desquels regnent des allees qu'il faudra pauer, ou bien si quelques-vns trouuent la place plus belle en court sans iardins, il se peut faire à leur volonté.

Toute la maçonnerie de ce bastiment, reuient à trois mil quatre cents quatrevingts toises.

Le carrelage de tous les estages, reuient à quinze cents soixante toises.

Les voultes de l'estage des offices & caues, contenants toute la concauité de dessous le logis, reuiennent à huit cens soixante toises.

La voulte de la gallerie, reuient à cent toises.

La couuerture de tout le bastiment, reuient à neuf cents quatre vingts toises.

Il y a en tous les estages du bastiment, cent dix croisees, & vingt & quatre demies, auec enuiron seize petites fenestres bastardes.

Il y a cent trois lucarnes, auec huit petites.

Plus cinquante & quatre cheminees par le tout.

Plus huit vingts huisseries pour tous les estages du logis, cōprins celuy des offices.

Il y a au premier estage soixante & quatre trauees, tant grandes que petites, auec vingt & quatre poultres. Au deuxiesme estage trente & vne trauee, & quatorze poultres. Et au troisiesme estage pour les pauillons de derriere, dixhuit trauees, & huit poultres, tant grandes que petites.

XXXV.

CE bastiment est en maniere de fort, & d'vne forme ronde, posé sur vne masse quarree de quarante toises de long sur chacune face, qui font seize cents toises en superficie, reuenant à vn arpent, quartier & demy, huict perches & demie de terre, vn peu moins: non comprins les saillies des quatre rauelins estants és quatre anglés d'icelle place (laquelle est circuie d'eauë de tous costez) ny aussi la saillie du fond du tallut.

La court est pareillement ronde de dixhuict toises de diametre, qui font cinquante & quatre toises de circonference, ou enuiron. Le diametre de la masse ronde du bastiment a par le dehors trente toises, reuenant à quatre vingts dix toises de tour, non comprins les saillies des quatre pauillons assis & posez dedans la masse de la maçonnerie ronde: l'vn d'iceux pauillons sur le deuant, l'autre sur le derriere: les deux autres és deux costez, l'vn à dextre, l'autre à senestre, ausquels se ioignent quatre corps de logis, que i'appelle la masse ronde.

A cause que le bastiment est d'vne figure ronde, posé sur vne masse quarree, il se trouue aux quatre coings quatre angles vuides, où ie desseigne quatre petits parterres ou iardins, auec des allees à l'entour d'iceux, qui se vont rendre à chacun des rauelins estants és coings de laditte masse.

Les quatre pauillons quarrez, sont éleuez de deux estages, & couuerts en maniere de dosme, vne petite tube ou lanterne en forme quarree au dessus: & en iceux estages sont les membres & commoditez desseignees sur le plan.

Entre iceux pauillons sont pareillement les quatre corps susdits en circonference éleuez d'vn estage seulement, lesquels seront voultez, à cause qu'au dessus sont terraces, par lesquelles on va des quatre pauillons l'vn à l'autre. Les quatre corps en circonference seruent de commoditez, qui sont aussi desseignez sur le plan. Iceux corps sont enrichis, tant par dedans la court que par le dehors du logis, d'arcs, dans lesquels sont comprises les veuës pour les membres de dedans.

Ce desseing a esté fait plus pour inuention à plaisir qu'autrement, toutefois iceluy estant fait, ne laisseroit de donner commodité & contentement.

Au dessous de toute la masse de la maçonnerie, se peuuent faire & prattiquer les offices: toutefois au calcul ie n'en ay fait nul compte, ains seulement d'vne toise de fondation au dessous du rez de terre de la court.

Les rauelins & pants des talluts, sont de trois toises, depuis le fondement iusques à l'appuy, au dessous du cordon, & reuiennent, tant iceux rauelins que courtines à sept cents vingts toises.

La maçonnerie de tout le bastiment, assauoir les quatre corps quarrez, comprenant depuis le fondement iusques à l'entablement huit toises, reuiennent à mil cinq cents toises.

Les quatre corps en circonference, à prendre depuis le pied du fondement iusques à l'entablement cinq toises de hauteur, reuiennent à cinq cents toises de mur.

Les voultes d'iceux quatre corps en circonference, reuiennent à deux cents soixante toises.

Le carrelage des pauillons quarrez, ayants chacun trois estages, chacun d'iceux pauillons reuient à cent soixante toises, qui est pour les quatre ensemble, six cents quarante toises.

L'estage des quatre corps en circonference, sera carrelé par le bas, reuenant le carrelage de chacun corps à quarante & cinq toises, qui est pour les quatre corps, neuf vingts toises.

Ledit estage sera voulté pour porter la terrace, que ie desseigne au dessus iceluy, laquelle i'enten estre pauee, le paué de laquelle reuiendra à neuf vingts toises, comme

Liure d'architecture

le carrelage du bas de l'estage.

Il y a vnze cheminees à chacun estage, qui sont vingt & deux pour les deux estages. Ie n'y ay point compté de galletas, d'autant que les combles pourront seruir de garde-meubles, ou grands cabinets qui voudra.

Au premier estage de touts les corps en general, il y a trente & huit fenestres: au second estage des quatre pauillons, il y en a vingt & quatre.

Pour le regard de la couuerture, chacun des quatre corps couuerts en dosme, auec le petit d'audessus, reuiét à soixáte & quinze toises, qui sont pour les quatre trois cés.

Il faut, tant pour le premier estage des quatre pauillons, que pour le deuxiesme, soixante & quatre traues grandes que petites, & trente & deux poultres.

Plus les quatre combles faits en dosmes.

Il y a soixante huisseries.

XXXVI.

CE bastiment est construit en vne place paralelograme, contenant quarante & trois toises de largeur, & vingt & six en profondeur, qui sont vnze cents dixhuit toises en superficie, reuenants à vn arpent de terre, demie corde, ou enuiron: non comprins les saillies des rauelins, ny aussi la saillie des talluts des courtines.

Dans ce contenu est comprins le logis du Seigneur, auec la basse court, & ses commoditez necessaires. Es quatre angles, sont quatre terraces en forme de rauelins pour la defence du lieu: le tout fermé de fossez, & de la largeur qu'il conuiendra.

L'entree est au milieu de l'vne des courtines sur le deuát, à laquelle est le pont-leuis: & au dessus du portail de la porte est vn petit pauillon, dás lequel est vne petite chábre.

Au costé senestre de l'entree est la basse court, laquelle a vingt & vne toise en largeur, & vingt & cinq de profondeur, à l'endroit du portail, & entre les corps de logis d'icelle, seize toises.

En icelle basse court, est la grange droittement opposite au logis du Seigneur. Icelle grange a treize toises de longueur sur cinq de largeur. Es deux costez de l'aire d'icelle, sont prattiquees deux estables voultees, éleuees de six à sept pieds au dessous d'icelle, qui seruiront pour brebis & moutons. Sur icelle voulte sera l'aire de la grange, éleuee toutefois de sept à huit pieds plus haut que celle du rez de terre, qui est le rez de la court où on bat le bled: Vray est que sur le plan n'y a de desseigné que d'vn costé, estables, à celle fin que celuy qui ne voudra suiure mon desseing, les puisse condamner, ou bien qui le voudra suiure, fera les deux costez pareils. I'ay aussi desseigné quelques degrez sur iceluy costé où est l'estable, par lesquels on monte les gerbes du rez de l'aire où on bat le bled, iusques au dessus des voultes des estables. A l'entree d'icelle grange par le deuant y a deux gros pilliers quarrez, pareillement deux autres pareils en l'aire, sur lesquels est porté & assis le colombier, pour auquel aller faudra vne eschelle par l'vn des costez.

Sur les costez dextre & senestre de la grange, sont deux corps de logis, l'vn desquels seruira d'escuries, & l'autre opposite d'estables à bestail: au dessus sont greniers. Entre laditte grange & iceux corps, est de chacun costé vne petite allee, de laquelle on va à vne montee pour aller és greniers: d'iceux corps, & prochain icelles, sont petites estables pour porcs, oisons, poullets d'Inde, & autres volailles. Il y a pareillement ioignant la grange, de chacun costé, vn petit passage pour aller és terraces des rauelins.

Pour le regard du logis du Seigneur, estant à la basse court, faut monter du rez d'icelle six ou sept degrez pour venir à vne court, laquelle est en maniere de terrace, qui a seize toises de large, sur neuf & demie de profondeur: Icelle court est fermee de trois corps de logis, deux sur les costez, & couuerts en pauillons.

Le troisiesme est sur le derriere, qui est le grand corps & le principal, estant couuert

Pour les champs.

en crouppe sur les bouts, pour faire aussi forme de pauillon. Es deux angles respondants aux rauelins prochains, sont pareillement deux montees, vne de chacun costé de l'angle, pour seruir és estages des corps: esquelles montees y sont passages pour aller sur les terraces des rauelins. Iceux trois corps sont éleuez de deux estages, & leur galletas dessus.

Les montees d'vn chacun estage sont accommodees de membres, desseignez sur le plan, excepté le premier estage, lequel est accommodé d'offices & caues. Il faudra descendre de la court du Seigneur par les deux escalliers des deux costez, pour aller és offices, & aussi pour y descendre les viures, & autres choses necessaires. Il y a deux autres entrees desseignees sur le plan, au dessous des deux corps des deux costez, ausquelles on y entre par la basse court.

Les priuez se prattiqueront par quelques petites saillies des montees, qui descendront sur les terraces des rauelins, lesquels auront leurs conduits iusques à l'eauë.

Au deux corps estants sur les costez de la court du Seigneur, y a deux petits bouts de galleries, l'vn pour aller à la petite chambre sur le portail, dont nous auons parlé cy dessus: l'autre pour aller à vne pareille sur le derriere, qui sera portee sur deux gros pilliers, & sur la closture de la court respondante vis à vis celle de l'entree, & est couuerte en mesme façon de pauillon: seruant le dessous d'icelle à serrer & mettre à couuert les coches & littieres.

Toute la closture du lieu, tant des rauelins que des courtines, prenant trois toises de fondation iusques au cordon, reuient à cinq cents vingt toises.

La maçonnerie de touts les bastiments de la basse court & closture, reuient à quatre cents vingt toises.

La maçonnerie de tout le logis du Seigneur, reuient à neuf cents cinquante toises.

La couuerture de tout le logis du Seigneur, reuient à trois cents dix toises.

La couuerture de toute la basse court, reuient à deux cents soixante toises.

Les voultes des offices & caues, reuiennent à sept vingts toises.

Le carrelage des deux estages du logis du Seigneur, reuiét à deux cents vingt toises.

Il y a à chacun estage dix cheminees, qui seront vingt, & trois pour le premier estage où sont les offices.

Il faut vingt croisees au premier estage manable, & vingt petites pour l'estage des offices.

Plus vingt lucarnes pour le galletas.

Plus quatre demies croisees pour les deux petites chambres, l'vne sur le portail, & celle qui est à l'opposite sur le derriere.

Plus seize trauees & cinq poultres à l'estage d'audessus les offices, auec ce faut les combles.

Pour les deux montees, faut douze petites fenestres.

Pour tout le logis, faut soixante & seize huisseries, grandes que petites.

XXXVII.

CE bastiment consiste en vne place d'vn quarré parfait, contenant quarante toises sur chacune face, qui sont seize cents toises en superficie, reuenants à vn arpent, quartier & demi, sept perches de terre, ou enuiron.

Ceste place est fermee d'vne muraille portant tallut, ayant huit rauelins, assauoir quatre aiguts és quatre coings de la place, & quatre obtus assis au milieu des courtines, vn au milieu de chacune: & sur chacun rauelin est planté vne tourelle quarree, ayant trois toises dans œuure. A l'entour des courtines par le dedans, sur les terraux, est vn berceau de charpenterie, outreille de huit à neuf pieds de large, couuert de vignes, ou couldroyes, ou bien de lierres. L'allee du terraut entre le logis & le berceau, a vingt pieds de large sur chacun des quatre costez.

Liure d'architecture

Le bastiment est composé de quatre gros pauillons, & de quatre corps (comme de galleries) entre iceux fermants la court, laquelle a quatorze toises & demie en quarré. Aux quatre coings, ou angles d'icelle court, sont quatre montees, vne à chacun coing, lesquelles sont en forme quarree par le dehors, & rondes dans œuure de huit à neuf pieds de diametre seulement.

Chacun pauillon a neuf toises & demie en quarré hors œuure. Les quatre petits corps entre iceux pauillons ne sont de mesme longueur, d'autant que celuy de deuant & celuy de derriere ont de longueur quatorze toises & demie.

Les deux autres corps estants à dextre & senestre, ont de longueur vnze toises dans œuure, sur treize à quatorze pieds de large. Iceux petits corps seruent de galleries & passages, pour d'iceux aller és estages des quatre pauillons.

Chacun pauillon est de deux estages, & le galletas dessus.

Chacun petit corps d'entre iceux est d'vn estage, & vne terrace dessus.

Dessous touts les corps sont les offices, ausquelles on descendra du rez de la court par les quatre montees susdittes de quatre à cinq pieds. Au contraire, on montera du rez de la court cinq ou six pieds, pour aller au premier estage de touts les corps.

De l'estage bas dedié aux offices, les iours se prendront au dessous des croisees des premiers estages, qui se feront en glacis, & s'escouleront dans les offices & commoditez d'icelles.

Pour le regard des departemens des membres, tant des pauillons que des petits corps, ils sont desseignez sur le plan.

Il se trouue quatre places sur les terraux, entre les pauillons, au deuant des petits corps, à cause de la saillie desdits pauillons, ausquels ie figure & desseigne quatre petits iardins, ou parterres.

Il est vray qu'au liure des soixāte leçons de perspectiue, que i'ay fait par cy-deuant, i'ay éleué sur la veuē du costé, vne éleuation respondante à la forme de ceste-cy, mais l'intelligence du plan n'y est point desseignee: ce que i'ay voulu faire en ce volume, pour declarer amplement la commodité & force en quoy il pourroit se consister.

Les rauelins & courtines, auec leurs éleuations du fondement iusques au haut du parappel, reuiennent à mil toises de muraille de quatre à cinq pieds d'espesseur, sans les saillies du tallut.

Toute la maçonnerie, à prendre du pied du fondement iusques à l'entablement huit toises, comprins les trois estages, assauoir celuy des offices, & les deux estages des commoditez auec le galletas, le tout reuient à seize cents cinquante toises.

Les huit petits forts, à prendre du pied du fondement iusques au dessus de l'appuy des terraces six toises, plus les huit demies circonferences éleuees auec les montees, le tout ensemble reuient à huit cents toises.

Les voultes de tout le premier estage des offices, tant des quatre pauillons que des quatre corps en iceux, reuiennent à cinq cents toises.

En l'estage des offices, vne partie pourra seruir de caues & celiers, qu'il ne faudra point pauer ne carreler, l'autre partie seruira de salle commune, de cuisine, sommellerie, fournil, & autres choses dont vne partie se pourra carreler, & les cuisines pauer, & de ce ie n'en ay point fait de calcul.

Le carrelage des trois estages des quatre pauillons, reuiēt à sept cents soixāte toises.

Le carrelage des deux estages des quatre corps, entre les pauillons, reuient à sept vingts dix toises.

La couuerture des quatre pauillons, auec les quatre montees, reuient à quatre cents soixante toises.

Il y a six croisees à chacun estage de pauillon, qui sont douze pour les deux estages: tellement que pour les quatre pauillons ensemble, y aura quarante & huit croisees, non compté les fenestres donnants iours és offices.

Plus

Plus au galletas de chacun pauillon, y a huit iours couuerts en circonferences: pour les quatre pauillons ensemble y en aura trente & deux.

Plus aux quatre montees, vingt & quatre petites fenestres.

Il y aura huit trauees à chacun estage de pauillon, qui sont seize trauees pour les deux estages d'vn chacun, de sorte que pour tous les estages des quatre pauillons ensemble, y aura soixante & quatre trauees.

Plus faut trente & six poultres pour toutes les trauees cy-deuant. Plus les combles, reuenants au nombre des trauees d'vn estage, & les quatre petits dosmes des montees.

Il y aura cent huisseries, ou enuiron en touts les estages du logis.

Il y a pour chacun estage seize cheminees, qui sont trente & deux pour les deux estages, auec huit à l'estage des offices, qui seroient pour tout le lieu, quarante.

XXXVIII.

CE bastiment consiste en vn quarré de vingt & huit toises de long sur chacun costé, qui font sept cents quatre vingts quatre toises en superficie, reuenâts à demi arpent, demi quartier, huit cordes de terre, & quelque peu d'auantage, sans les saillies, esquelles sont comprinses les escalliers, allees & dosmes.

Ceste place est fermee de fossez, circuisants tout le lieu, & ses saillies selon leur tour. Au milieu est la court de quatorze toises en quarré. Sur chacun pan de la court, est vne demie circonference brisee, pour diuersifier la court de son quarré, laquelle est fermee de quatre corps de logis, éleuez d'vn estage seulement du rez de terre, & le galletas dessus. Au dessous se peuuent faire des offices, desquelles ie n'en fay monstre au desseing, ni compte au calcul de la despense. I'ay mis ce bastiment en ce desseing, plus pour plaisir & diuersité, que pour autre chose.

Ce lieu, outre ses bastiments & le fossé, a vne allee de neuf pieds de large, regnant tout autour le logis par le dehors, ayant son appuy & regard sur les fossez.

Pour le regard de la declaration des membres des commoditez du dedans, le plan vous en fait ample demonstration, suyuant aussi la declaration & intelligence que ie vous ay fait par cy-deuant des autres bastiments, par lesquels vous pourrez aisément entendre, tant cestuy, qu'autres plus difficiles.

Sur ce present plan, i'ay éleué deux éleuations geometralement desseignees, l'vne de la face du dehors, l'autre de la face du dedans, separee par le milieu, sur la ligne diametrale trauersante.

Outre icelles éleuations, i'en ay desseigné vne de tout le contenu de la masse en perspectiue sur la veuë du costé, à laquelle se void partie du dehors, & partie du dedans: Et au dessus est desseigné geometralement, en assez grand desseing, l'vn des pans de la court, pour vous monstrer plus amplement l'ordre de l'architecture: les autres se suyuent touts de pareille ordonnance.

Tout ce lieu, comprins les talluts, tant du costé du bastiment que de la contrescarpe, qu'aussi de tout le toisage du lieu, prenant vne toise de fondement seulement, le tout reuient à deux mil sept cents cinquante toises.

Le carrelage des deux planchers, & l'allee regnante à l'entour le logis, reuient à sept cents toises.

La couuerture de touts les corps, auec touts les dosmes, reuient à six cents toises, ou enuiron.

Il y a au premier estage quarante & huit trauees, & vingt & quatre poultres: au second estage y a les combles.

En tout le logis il y a trente & deux croisees, sans les petites veuës des dosmes.

En tout le premier estage, il n'y a que treize cheminees, qui ne voudra faire seruir le galletas de commoditez pareilles à l'estage de dessous, auquel y faudroit autant de cheminees.

Liure d'architecture Pour les champs.

Pour le regard des lucarnes, si on veut faire seruir l'estage dernier en galletas, & y accommoder les membres comme dessous, il y faut vingt & quatre lucarnes: mais n'y faisant que greniers, il n'y faut que quatorze iours en forme de petites lucarnes.

I'ay figuré des petites galleries regnantes au dessus de l'entablement, & la couuerture basse, comme pour seruir de greniers: cela demeurera à discretion & volonté.

Il y a au premier estage enuiron quarante & deux huisseries, & qui voudra faire seruir l'estage d'audessus en galletas, & y faire les commoditez, il y en faudra enuiron trente.

Vous trouuerez à chacun plan la toise marquee, par laquelle, auec le compas, vous pourrez voir & cognoistre toutes les mesures d'vn chacun lieu, tant en particulier que de tout le general.

F I N.